# 大谷翔平・羽生結弦の育て方

## 子どもの自己肯定感を高める41のヒント

児玉光雄

GENTOSHA

JN027137

# はじめに

現在の日本を代表するトップアスリート、大谷翔平選手と羽生結弦選手。この本では二人にスポットライトを当て、彼らが超一流のアスリートに上り詰めた理由を明らかにし、そこに子育てのヒントを探っていこうと思います。

私は30年近くにわたり、臨床スポーツ心理学者として、「スポーツ天才学」という見地から多くのトップアスリートの心理分析を続けてきました。

そこで感じたのは、一流と並のアスリートを隔てているのは、天賦の才能の有無というよりは、思考・行動パターンの決定的な違いであるという事実です。

大谷選手と羽生選手の思考・行動パターンを読み解くキーワードは「自己肯定感」です。自己肯定感がとても高いので、どんな状況下でも、二人は徹底して前向きな考えを維持し、チャレンジし続けることができるのです。

小さい頃を振り返って、大谷翔平選手はこう語っています。

**「お父さんから怒られたのは、グラウンドでの野球のときだけですね。家に帰ってからはほぼなかったと思いますよ」**

（佐々木亨『道ひらく、海わたる　大谷翔平の素顔』扶桑社）

あなたのお子さんの自己肯定感を高めたかったら、決して叱ったり、怒ったりしないこと。子どもは親や教師に叱られたり、怒られたりすることで、簡単に自己肯定感を喪失してしまいます。

逆に、子どもを励ましたり、小さなことでもいいから長所や美点を探し出して、それを伝えてあげるだけで、自己肯定感が彼らの心の中に育つのです。

あなたのお子さんの自己肯定感を高める二つ目の要素は、子どもとのコミュニケーションです。大谷選手の父親の徹さんはこう語っています。

**「家に帰ってすぐ一緒に風呂に入るんです。そこではお父さんとして翔平と野球の話をする。こっちの話を聞いているだけでしたけど、今、考えれば大事な時間だったのかもしれません」**

（石田雄太『大谷翔平　野球翔年Ⅰ』文藝春秋）

普段から、お子さんと会話する機会を意識してつくることから始めてみてください。親子のコミュニケーションのパイプを太くするだけで、子どもは積極的に親に悩みを打ち明けることができ、結果的に自己肯定感を高めていけるのです。

羽生結弦選手は4歳の頃から、先にスケートを始めていたお姉さんと一緒に自宅近くの泉DOSCアイスアリーナ（現・アイスリンク仙台）に通い詰めます。

当時そこで指導していた名コーチ・都築章一郎さんに師事して、羽生選手はその才能を開花させました。朝練をしたあと学校に行き、放課後は個人レッスンを受け、夜も練習に打ち込みました。スケート漬けの毎日を送ったのです。

**「あの時に、練習は大事なんだって思ったし、練習を頑張ればちゃんと試合で力を発揮できるんだという、自信がついたんだ。そこからは『練習が好きだ』とか思っちゃって（笑）。スケートを自分から楽しまなきゃダメだって思っていたなあ」**

（野口美惠『羽生結弦 王者のメソッド』文春文庫）

子どもの自己肯定感を高めるには、理屈抜きで練習を持続させ、「できた！」「頑張った！」という感覚を心の中に育てていくことが重要です。

14歳、初めて世界へ飛び出して戦った世界ジュニア選手権で、羽生選手は総合12位に終わります。帰国する飛行機の中で、羽生選手は「ひとり反省会」を行いました。

**「負けることは、悔しいということ。悔しいのが嫌なら、練習が大事だということ。悔しさが練習につながっていくものなんだ」**（同）

順風満帆ではなく、逆境に見舞われたときこそ、その悔しさをバネにして猛練習に明け暮れるメンタルが身につきます。それが結果的に、心の中の自己肯定感を育てることにつながるのです。

それでは、わが子の自己肯定感を向上させ、大谷選手や羽生選手のような一流の人間に育てるためのノウハウを、彼らの発した言葉を手がかりに、順番に探っていくことにしましょう。

## 大谷翔平・羽生結弦の育て方◉目次

2章
## 潜在能力を引き出そう！



3章
## モチベーションを高めよう！

# 第2部 羽生結弦の育て方――世界最高峰の天才スケーター

## 4章 自発的に行動しよう！

5章

# プレッシャーに強くなろう！

## 6章 やり抜く力を身につけよう！



カバーデザイン●秦 浩司(hatagram)
本文デザイン・DTP・イラスト●アミークス
編集協力●江渕眞人

# 第1部

# 大谷翔平の育て方

## ――二刀流の怪物メジャーリーガー――

# 1章
# 大きな夢を叶えよう！

# 「自分はできる！」自己肯定感を心に満たす

メジャーリーグ・エンゼルスの大谷翔平選手の快進撃が止まりません。

日本ハムからの移籍1年目の2018年は二刀流で挑み、投手として4勝2敗（右肘靭帯損傷のためシーズン後半は打者に専念）、打者としては22本塁打を放って、見事その年の新人王に輝きました。2019年は指名打者として出場し、18本塁打、打率・286でシーズンを終えました。6月13日のレイズ戦で日本人初のサイクルヒットを達成しています。

大谷選手の快進撃を支えているのは、「自己肯定感」だと私は見ています。ただひたすら鍛練を繰り返せば、ある程度の技能を獲得することはできます。しかし、それだけでは決して一流の人間にはなれません。

ニューヨーク州立大学の心理学教室で、R・フェルソン博士は、高校に入学したばかりの2000名以上の1年生を対象に3年間追跡調査をしました。そして、どのような生徒の成績が伸びるかについて分析しました。

**その結果、肯定的な自己評価を持っている生徒ほど、3年後に大きく伸びていたのです。**

フェルソン博士は、「自己評価が高い人ほど努力するから」と、その理由を述べています。しかし、日本の教育現場では、自己肯定感の高い人間は「自信過剰」とか、「大風呂敷」といったマイナスの評価を受けるため、多くの子どもたちは控えめな人間に育ちます。

アメリカの著名な牧師で、ベストセラー『あなたはできる』（PHP研究所）の著者であるジョエル・オスティーンはこう語っています。

**「神の恩寵《おんちょう》は、人の期待の大きさに比例します。よいことを期待する習慣が身についていなければ、よいことは起こりません。事態が好転することを期待しなければ、おそらく好転はしません。今以上のことを期待しなければ、今以上のものは手に入りません。期待をどうもつかで、人生の限界が決まるのです」**

調子がいいときは、一流と三流の選手でそれほど大きな違いは現れません。それほど自己肯定感を持ち合わせていない選手も、自信満々でパフォーマンスを発揮することができるからです。しかし、スランプに陥り、壁に直面したとき、自己肯定感の有る無しで大きな差が出てきます。

自己肯定感に満ちた大谷選手は「僕ならこの壁は乗り越えられる」と考えて、スランプを克服するための工夫と努力を日々怠りません。一方、並の選手は「僕にはとても無理だ」「僕にはこのスランプを克服できない」と考えてしまい、途中で投げ出してしまうのです。

逆境やスランプの真っ只中でも、そこを突破するための努力を黙々と積み重ねること――。これは紛れもない一つの才能です。この素晴らしい才能を子どもに身につけさせたいなら、小さい頃から心の中いっぱいに自己肯定感を満たしてあげることが真っ先に必要なのです。

## 困難に直面したとき、
## 自己肯定感の有る無しで差が出る！

逆境やスランプのときの対処の仕方に
一流と三流の違いが現れる

# 好きなこと、得意なことを自覚する

大谷選手が、誰もがその才能を認める一流のメジャーリーガーになり得たのは、自分の好きなこと、得意なことをほかの誰よりも自覚し、それをレベルアップさせることに人生の時間をたっぷり注ぎ込んだからです。

この本でも繰り返し強調することになりますが、あなたのお子さんの興味の対象や得意技は何かをしっかり観察し、子どもは自分では無自覚なことが多いので、それを伝えてあげてください。

人間は誰でも、ある特定の分野のすごい能力を持って生まれてきます。しかし、残念ながら、大人になる前に自分の好きなことや得意技に気づいて、それを高めることに全精力を費やす人間は一握りの人たちに限られるのです。

**日本の教育の世界では、まだまだ「浅く広く」という学習形態が幅を利かせています。いわゆる「教養」というものです。しかし、教養ではこれからの社会で食べてい**

**けません。**

組織が求めるのは「スペシャリスト」です。AI（人工知能）の急速な発展により、なんでも器用にこなすけれども得意技を持たない「ジェネラリスト」の需要は急速に縮小しています。「二刀流」について、大谷選手はこう語っています。

**「無理だと思わないことが一番大事だと思います。無理だと思ったら終わりです。まずやってみて、もしそこで限界がきたら、僕の実力はそこまでということ」**

（大谷翔平『不可能を可能にする大谷翔平120の思考』ぴあ）

この言葉からも「自分の限界にチャレンジしたい！」という強い思いが直に伝わってきます。

ある心理学の実験を紹介しましょう。小学生に立ち幅跳びをさせました。まず1回目は、何のアドバイスも与えずに跳ばせました。次にグループを二つに分けて、グループAには「自分のベストを尽くす」という目標を、グループBには「ほかの生徒をうち負かす」という目標を与えて跳ばせました。

結果はどうだったでしょう？　1回目の跳躍に比べて、明らかにグループAのほうがグループBよりも記録を伸ばせたのです。

**あなたのお子さんには、他人と比較することなく自分の信念を貫き通すことの大切さを繰り返し説き続けてください。**

巨万の富を築き上げたアメリカの鉄鋼王、アンドリュー・カーネギーの言葉に耳を傾けてください。

**「諸君の精力と思考とを自分の使命に集中させせよ。そして、やるべきことを、とことんまでやり抜け」**

大谷選手のように、自分を客観視し絶対評価したうえで、自分のもっとも得意な技を限界まで高めることにチャレンジし続ける子どもが、大きな夢を実現できるのです。

# 自分の才能を自覚し、能力を伸ばすために全精力を費やす

他人との比較ではなく、
自分の信念を貫き通すことが大切

## 良くない出来事にプラスの要素を見つける

2018年シーズンも終盤にさしかかった9月5日、エンゼルスは、「大谷翔平は今日ＭＲＩ（磁気共鳴画像）検査を受け、右ヒジの内側側副靭帯に新たな損傷があることが判明しました。靭帯の再建手術を勧められています」と発表します。

それ以降、打者として試合に出場しながら、最終的に大谷選手は手術することを決断します。その決断に至った経緯について、大谷選手はこう語っています。

**「8月はブルペンだけで、実戦の強度では投げていないので、その段階では何も感じられません。実戦で69マイル（時速154キロ）とか、そういうボールを投げたときにどうなのかということがわからなかったんです。（中略）もしあの9月2日の試合に投げていなかったら、結論を来年に持ち越してキャンプで投げて、やっぱりダメだなとなって、来シーズンの1年間、何もできなかったかもしれません。そうやって考えると、何がよくて、何が悪い**

**のかなんてわからないと思うんです。こういうことになって手術を受けることを決めた……それ以外のことは何もない。そこにタラレバはないんです」**

（『Number』963号、文藝春秋）

2018年10月1日、大谷選手はロサンゼルスの病院で靭帯再建手術（通称トミー・ジョン手術）を行い、無事成功しました。シーズン終了後、こう語っています。

**「（靭帯損傷の原因は）メカニズム的な問題がすべてではないと思っています。こっちに来てケガをして、ボールやマウンドのせいだと思われるかもしれませんけど、この環境のせいではなくて、小っちゃい頃から投げていた蓄積があって（靭帯が）耐えられなくなったということだと考えています。**

**だからここで工事をして、（耐えられない部位の靭帯を）もっと強い筋力がカバーしながら、うまく補正できたら自分はどんなボールを投げられるようになるのか……それは、今の状態で投げるよりも全然、ワクワクします。一から作り直して、再来年に100％で投げたいな、という気持ちの方が強い。だから**

**マイナスな感じはありません」**（同）

これらの言葉から、大谷選手の強烈なポジティブ志向が読み取れます。人生には好ましい出来事の何倍もの好ましくない出来事が起こります。未来に飛躍できる人間は、良くないことが起こったときほど究極のポジティブ志向を貫くことができるのです。

**実は、感情は、起こった事実によって引き起こされるものではありません。目の前で起こった事実に対し、私たちがどう捉えるかによって、ポジティブな感情も起こればネガティブな感情も起こるのです。**

多くの人々は良くない出来事に素直に反応して挫折してしまいます。特に子どもは人生経験が少ないので、その傾向が強いのです。大谷選手は良くない出来事の中に潜むポジティブな要因を見つけ出し、モチベーションを維持することができる天才です。「書き換えスキル向上用紙」（26ページ）を活用すれば、あなたのお子さんもポジティブ志向の人間になれます。例題を参考にして、ネガティブな感情をポジティブな感情に書き換えましょう。

そして、最後にその日のポジティブ度を、自分の主観に従って100点満点で記入しましょう。良くない出来事に直面したとき、その中に潜むポジティブな要素を引き出す訓練として役立ってくれます。

# 書き換えスキル向上用紙

20　　年　　月　　日

■例題

ネガティブ感情　いくら練習してもドリブルがうまくならない。
↓
ポジティブ感情　自分を信じて練習を続ければきっとうまくなる。

ネガティブ感情①
↓
ポジティブ感情①

ネガティブ感情②
↓
ポジティブ感情②

ネガティブ感情③
↓
ポジティブ感情③

ネガティブ感情④
↓
ポジティブ感情④

今日のポジティブ度　　　点（100点満点）

ポジティブな感情とネガティブな感情は、脳の別の場所から発生する。
この用紙でポジティブな感情に書き換えよう

# 自分がなりたい憧れのライバルを持つ

ライバルを身近につくることで、私たちは自分の能力を高めることができます。かつてのプロ野球では読売ジャイアンツの王貞治さんと長嶋茂雄さん、ゴルフなら尾崎将司さんと青木功さんなどが、伝説的なライバル関係にありました。

彼らはお互いに切磋琢磨して、カリスマのアスリートにまで上り詰めることができたのです。もしも、王さんやジャンボ尾崎さんに、長嶋さんや青木さんのような先輩がいなかったら、あれほどすごい記録を残すことはできなかったはずです。逆に、長嶋さんと青木さんも、王さん、尾崎さんのような後輩がいたからこそ、伝説のアスリートに名を連ねることができたのです。

現代のスポーツ界におけるライバル関係も、数え上げればきりがありません。たとえば卓球の伊藤美誠《みま》選手と平野美宇選手、フィギュアスケートなら紀平梨花選手とアリーナ・ザギトワ選手などがすぐに思い浮かびます。

それでは、大谷選手にとってのライバルは誰かというと、岩手・花巻東高校の先輩で、現在メジャーリーグのマリナーズに所属する菊池雄星投手の存在を忘れてはなりません。

2019年6月8日、メジャーで初めての二人の対戦が実現します。この試合で、大谷選手は菊池投手から4回に6号ソロホームランを放つなど3打数2安打で同窓対決に勝利します。

菊池投手は大谷選手の3年先輩であり、憧れの存在だったといいます。2014年の新聞の取材で大谷選手は菊池投手についてこう語っています。

**「(菊池投手は)目標にしていますし、何もかも上だなと思う。中3のときも今でも、そういう位置にいてくれるのは助かるし、僕としても嬉しいです」**

(週刊SPA!編集部『大谷翔平 二刀流』扶桑社)

2009年、大谷選手が中学3年のとき、花巻東高校は菊池投手を擁してセンバツで準優勝、夏の甲子園でもベスト4まで勝ち上がっています。

実はこの時期、大谷選手は進学する高校選びに頭を悩ませていました。オープンスクールで花巻東高校野球部の練習見学をしたことを振り返って、大谷選手はこう語っています。

**「花巻東がちょうどその時に甲子園に出て有名でもありましたし、実際に練習を見に行ってすごく雰囲気がよくて『ここでなら自分を伸ばしていけるんじゃないか』と思って選びました」**

（web Sportiva、2019年5月13日）

もしも菊池投手が花巻東に入学せず、センバツや夏の甲子園で活躍していなかったら、大谷選手も花巻東高校には入学していなかったわけです。菊池投手という憧れの選手がいたから、大谷選手は花巻東高校に入学して野球の技量を磨くことができ、さらに現在は同じメジャーで先輩後輩という関係ながらライバルとしてお互いを高め合っています。大谷選手の人生に菊池投手が大きな影響を与えたことは論をまたないのです。

お子さんにライバルや憧れの先輩を持つことの大切さを強調してください。それがお子さんのモチベーションを高め、着実に成長する原動力になるのです。

# 互いに競い合える
# 憧れのライバルをつくる

ライバルや憧れの先輩を持つことが
着実に成長する原動力になる

# 大谷選手が父親と毎日交換した「野球ノート」

大谷選手の青春時代の野球人生に大きな影響を与えた大人といえば、父親・徹さんと花巻東高校野球部の佐々木洋監督でしょう。この二人の存在なくしてメジャーリーガー大谷翔平は誕生しなかったと、私は考えています。

まず、父親の徹さんです。徹さんは、大谷選手が小学生と中学生の時代に所属した野球チームのコーチを務めていました。父親がコーチだと、その子どもはやりにくい面もあると思うのですが、当時を振り返って大谷選手はこう語っています。

**「僕が監督だったとしてもそうだと思いますが、同じくらいの子が自分の息子と同じ実力だったら、息子ではない子を試合で使わないといけないと思うんです。**

**（中略）チームのみんなに納得してもらえる実力がなければいけない。まだ小さかったですけど、それは僕にもわかりました。だから、ちゃんとやらなければ**

**ばいけないという思いはずっと持ち続けていました」**

（佐々木亨『道ひらく、海わたる　大谷翔平の素顔』扶桑社）

当時、大谷選手と徹さんは「野球ノート」を通じて密にコミュニケーションをとっていました。それは小学5年生まで続いたといいます。大谷選手がその日の練習の反省を「野球ノート」に書き、徹さんがそれを見て、コメントや感想を記しました。

その日記で、徹さんは、大谷選手に次の3つの約束を守るよう徹底させています。

**1. 大きな声を出して元気よくプレーする**
**――常に選手間のコミュニケーションを密にすることによりお互いの信頼関係が生まれる**

**2. キャッチボールを一生懸命に練習する**
**――スピンのかかったボールを精度良く投げるスキルを身につける**

## 3. 一生懸命に走る
### ——野球の原点は「走る」こと。力を抜くことなく全力で走ることの重要性を認識する

練習を通して、「これでもか、これでもか」と言わんばかりに、3つに絞り込んだ約束を実行することを求めたので、大谷選手はしっかりと目標を定め、練習に集中することができたのです。

特に小中学生の時期は、放任主義では決して子どもの才能は育ちません。子どもは、放っておけば楽なほうへ流れていきます。それを「正しい」、しかも「厳しい」方向に導いていくのが親の大切な役目なのです。

ぜひお子さんとの交換日記を作って、いくつかの約束を決めて最低1カ月はその約束を守るための行動を継続させてください。それがひいては、お子さんの自己肯定感を高め、成長を着実にサポートしてくれるのです。

## 「交換日記」で子どもの才能を伸ばす

子どもとの間で約束を決めて、
守れるように交換日記でチェックする

# 子どもの「ゴールデンエイジ」を見逃すな

あなたは「ゴールデンエイジ」という言葉に接したことがありますか？ 一般的に10〜12歳（小学校4〜6年生）の時期は、あらゆるスキルを短期間で身につけることができる、人間にとって一生に一度しかない「黄金の時期《ゴールデンエイジ》」と呼ばれているのです。

**ゴールデンエイジは脳・神経系の可塑性《かそせい》がもっとも高い時期であり、動作習得のためのレディネス（学習や習得を受け入れる心身の準備状態）もピークを迎え、双方が絶妙なハーモニーを奏でる貴重な時期でもあります。**

ゴールデンエイジは、動きを頭で理解してから体に伝えるのではなく、見たまま感じたままのイメージに従って体全体で技術を吸収していける特別な時期なのです。

また、この前の8〜9歳の時期を「プレ・ゴールデンエイジ」と呼んでいます。やがて訪れるゴールデンエイジに備えて、この時期に様々な運動や遊びを通じて、神経回路を開いておくこともきわめて重要です。

ゴールデンエイジ、およびプレ・ゴールデンエイジの大切さは、スポーツのみならず、勉学や囲碁・将棋、その他芸術系などあらゆる学習についてもいえます。言い換えれば、この時期に特定のスキルを伸ばすことを怠ると、将来的に、少なくともプロとして独り立ちすることはほとんど不可能になります。

実際、大谷選手は小学5～6年生のときは本当によく練習した時期だと語っています し、将棋の藤井聡太棋士や卓球の張本智和選手が、ちょうどゴールデンエイジを終了したときに一流の仲間入りをした事実がそのことを証明しています。

**ゴールデンエイジを実りある時期にした子どもは、小学校を卒業するときにはすでに、一流のアスリートが保持している高度な技を身につけているケースも珍しくないのです。**

ここで、大谷選手が野球を始めた当時のことを見ておきましょう。

大谷選手は、岩手県水沢市（現在の奥州市）で、社会人野球の選手だった父とバドミントン選手の母というスポーツ一家に、3人兄弟の末っ子として生まれました。「翔平」という名前は、父親が奥州平泉にゆかりのある源義経にちなんで、「八艘《はっそう》飛び伝説」にあるように義経が身軽に跳んで戦ったというイメージから「翔」の字を、平泉から「平」の字をとって名付けられたといいます。

小学3年生のとき、水沢リトルリーグで野球を始め、全国大会に出場。当時すでに、大谷選手の球を受けた捕手が「自分の体が逃げてしまうほど球が速かった」と語っています。

そして、小学5年生にして球速110キロを岩手県営野球場で記録しています。水沢南中学校時代は一関リトルシニアに所属し、ここでも大谷選手は全国大会出場という夢を実現しました。

10～12歳のゴールデンエイジは、子どもが自分のスキルを一気に身につけられる大切な時期。子どもの長所や興味をつぶさに観察し、また、子どもと相談しながら、一つのスキルに特化して徹底的に鍛練を積み重ねましょう。

類稀《たぐいまれ》なる才能は、ゴールデンエイジにその萌芽があるのです。

## ゴールデンエイジのピラミッド

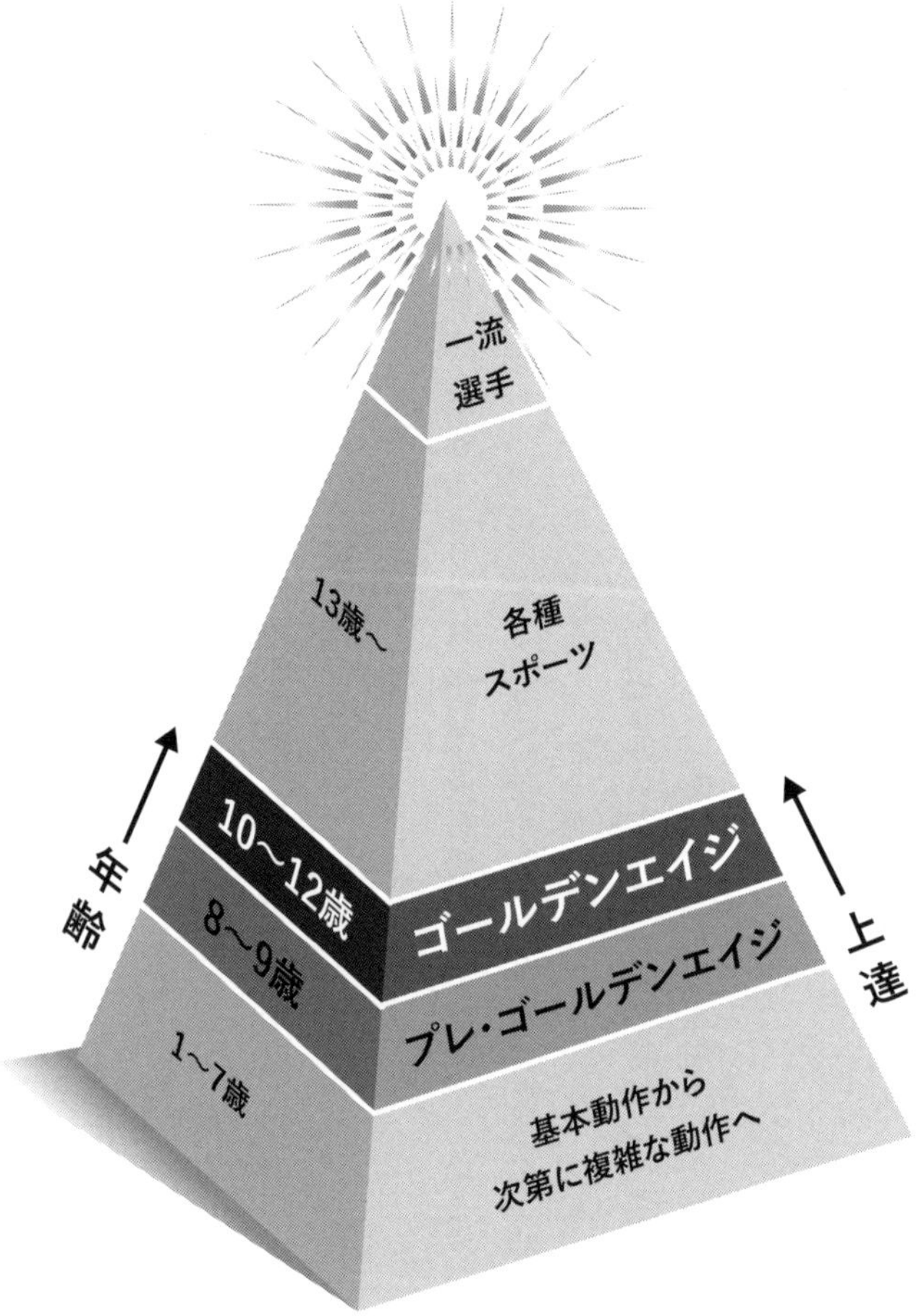

# 夢を実現したいなら「急がば回れ」

大谷選手は、高校卒業後はプロ野球ではなく、メジャー挑戦を決めていました。ドラフト会議の4日前の2012年10月21日、大谷選手は多くの報道陣を前にして次のように語りました。

**「アメリカでプレーさせていただくことを決めました。最初から（高卒ですぐ）行きたい夢がありました。若いうちから行きたかった。ドラフトでどういう結果になっても、アメリカに行きたい気持ちが強いですし、ピッチャーとしてやりたいと思っています」**

（石田雄太『大谷翔平 野球翔年 I』文藝春秋）

実は大谷選手のご両親は、日本のプロ野球を経験してからのメジャー挑戦を望んでいたといいます。

大谷選手がプロ野球を経ずにメジャーに挑戦するという意思を強固にしたのは、当時ロサンゼルス・ドジャースの日本担当スカウトだった小島圭市氏の影響があったからです。

小島氏は大谷選手の才能にほれ込んで、3年間、機会を見つけては花巻東高校の公式試合に足を運びました。大谷選手の心の中に自分の実力に対する不安が湧き上がってきたときも、「小島さんが見に来てくれている、小島さんに評価してもらっている」という思いがメジャー志向の強烈な後押しになったのです。

しかし、ドラフト会議で日本ハムファイターズは大谷選手をドラフト1位に指名。紆余曲折の末、大谷選手は日本ハムに入団します。日本ハムのスタッフが計6度岩手に足を運び、粘り強く交渉を続けたことが決断の後押しをしたことは言うまでもありません。

交渉終盤の2012年11月26日、栗山英樹監督はドラフト後初めて大谷選手と面会し、そこで「メジャーで活躍するためには、絶対日本でやってからアメリカに行くべきだ」とアドバイスしています。

この面会で大谷選手の心が傾き、12月9日、大谷選手は日本ハムへの入団を決めたのです。そのときの心境についての言葉です。

**「指名されたあとも、メジャーでやってみたいという気持ちが強かったですし、（日本ハムへは）行かないだろうと思っていました。ただ、何回も岩手県に来てもらって、何回も話をさせてもらって、（日本ハムで）やってみたいなという気持ちが強くなっていった。**
**球団としての熱意、栗山監督の熱意も伝わりましたし、交渉を数回重ねていくなかで、ここ（日本ハム）で自分を追い込んでいきたいと思うようになっていきました」**

（佐々木亨『道ひらく、海わたる　大谷翔平の素顔』扶桑社）

急がば回れ――。このことわざは、室町時代に詠《よ》まれた「もののふの 矢橋《やばせ》の船は速けれど 急がば回れ 瀬田の長橋」という歌に由来しています。

つまり、「東海道で京に向かう際には琵琶湖を渡る水路のほうが、瀬田の長橋（唐橋）を使う陸路よりも距離的には近い。しかし、比叡山から吹き下ろす強風で船の発着が遅れたり遭難する危険があるので、急ぐならば一見遠回りな陸路を使ったほうが確実に早く着く」という意味です。

何事も性急に事を運ぶと、とんだしっぺ返しを食らいます。お子さんが夢に向かって具体的な行動を起こそうとするときには、「急がば回れ」の精神の大切さを、上記の大谷選手のエピソードを例に挙げて説明してあげてください。

# 夢の実現に、安易な近道はかえって危険

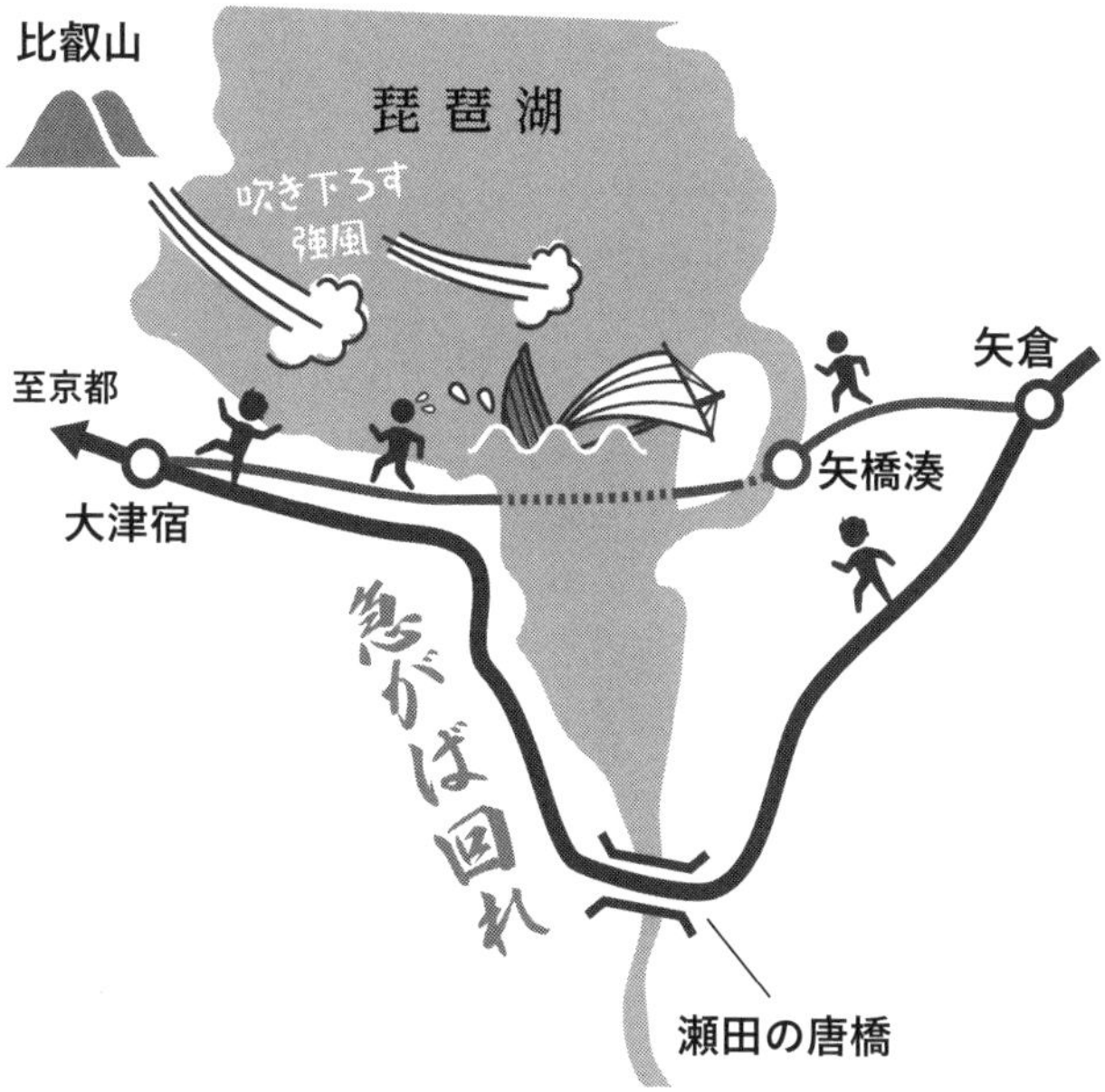


一見、効率の良い近道のようで、
実は余計に時間がかかることがある

# 2章 潜在能力を引き出そう！

## 可能を不可能にする「先入観」を破壊しよう

花巻東高校野球部の佐々木洋監督は、大谷選手と初めて出会った頃を振り返ってこう語っています。

**「雄星という素材と出会ったばかりだったので、初めは〝まさか〟と思いました。実際に中学生の大谷を映像で見て本当にビックリしました。雄星ほどの投手にこんな早く出会えたのかと、見た一瞬で思いました」**

(『大谷翔平　北海道日本ハムファイターズ』ベースボール・マガジン社)

佐々木監督ほど「選手の個性」を引き出すのがうまいリーダーを探すのは、簡単ではありません。佐々木監督の指導を振り返って大谷選手はこう語っています。

**「『〝楽しい〟より〝正しい〟で行動しなさい』と言われてきたんです。オトナ**

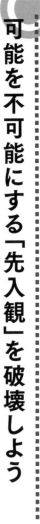

**だと思いますし、今の自分はまだまだですけど、制限をかけて行動することは大事なのかなと思います」**（大谷翔平『不可能を可能にする大谷翔平１２０の思考』ぴあ）

日本のスポーツ界の現場では、まだまだ画一的トレーニングが幅を利かせています。特に野球やサッカーのようなチームスポーツほどその傾向が強いといえます。

しかし、それでは選手の個性は引き出せません。一人ひとりの選手の長所と短所を把握し、彼らに適合した練習メニューを与える多様性が指導者に求められるのです。

大谷選手は佐々木監督の「先入観は可能を不可能にする」という言葉に大きな影響を受けたといいます。大谷選手はこう述べています。

**「チームとしての『決してあきらめない』というスローガンもそうですが、『先入観は可能を不可能にする』という言葉は今でもはっきり覚えています。**

**そのときにはあまりわからなくても、あとから振り返ってみて『あの言葉は大事だったなあ』とか『ああいうことをそこから学んだなあ』と思うものはたくさんあると思いますが、その言葉は僕の中で大きなものでした」**

（佐々木亨『道ひらく、海わたる　大谷翔平の素顔』扶桑社）

「自分はこの程度の人間である」という先入観を持ってしまうと、それが自己肯定感に蓋をしてしまい、潜在能力を発揮することができないのです。過去の自分を振り返って芽生えてくるマイナスの先入観をどう破壊していくかが重要です。

このことについて、佐々木監督は次のように語っています。

**「たとえば160キロの球を投げるというイメージがそもそもなければ、絶対にそこまでたどり着かないものだと思っています。できると思うから、そのために頑張る。途中で蓋をしたり限界を作ってしまっては自分の可能性を伸ばせないと思います。（中略）高校時代の大谷は決して言葉数が多いほうではありませんでしたが、あとから彼が書き残したものを振り返ってみると『誰もがやっていないことをやるんだ』『非常識な発想でいくんだ』、そして『道を自分で切り開いていくんだ』。そういう強い思いが伝わってきます」**（同）

子どもは、自分の才能を過小評価し、実現しても面白くない夢を描く傾向がありま す。「きみはもっとすごいことができる!」「きみの潜在能力はこんなものではない!」と、繰り返し言葉をかけてあげてください。

このように先入観の蓋を取り払えば、子どもの自己肯定感は飛躍的に向上し、大きな夢に向かって邁進《まいしん》してくれるようになるはずです。

## 強い自信が、潜在能力を解き放つ

自分で自分の限界を決めない。
先入観の蓋を取り去る!

# 逆境が眠っていた才能に火をつける

これまでの大谷選手の野球のキャリアを振り返ると、順風満帆のように見えるのですが、実はそうではありません。何度となく彼の身の上には逆境が訪れています。

まず、高校2年生の夏の岩手県大会直前のことです。調整のための練習試合で、投手としてマウンドに立っていた大谷選手は突然左足に痛みを訴え降板します。開脚することも困難な状態でした。

最初は肉離れと診断されたのですが、その後医師の診断結果により、病状はより深刻な股関節の軟骨が傷つく骨端線《こったんせん》損傷であることが判明します。実は高校に入学するときにも骨端線損傷の症状が少し残っていたのですが、いつのまにか痛みは消えていたので、そのことはほとんど忘れていました。

骨端線損傷とは、成長期の子どもの場合、骨や腱よりも成長軟骨（これから骨が成長していく部分）が弱いため、捻ったり強い力がかかったときに腱が切れたり、骨から剝《は》がれたりする障害です。

結局このシーズン、打者として秋季東北大会に出場したものの、投手としての出場機会はありませんでした。

**しかし、実はこのケガが大谷選手の二刀流のきっかけをつくってくれたのです。もしもこのケガがなく順調に投手として活躍していたなら、打者・大谷翔平は生まれていなかったかもしれません。**

高校2年生の冬、打者としての練習を積み重ね、飛躍的にその技量を伸ばしたのです。そのことを振り返って大谷選手はこう語っています。

**「その時期は、辛いと思ったことはありませんでしたが、やるべきことは多かったですね。センバツ出場の可能性はあったので、それまでにはしっかりと良い状態でプレイできるようにしたいと思って冬を過ごしていました」**

(佐々木亨『道ひらく、海わたる　大谷翔平の素顔』扶桑社)

高校2年生の冬の時期に、それまで投手として費やしていた練習時間を打者としての練習に費やしたから二刀流が生まれたと私は思っています。まさに逆境が眠っていた大谷選手の打者としての潜在能力を引き出し、二刀流のきっかけをつくったのです。

**クウェート大学のH・ハッサン博士は、「物事の明るい面に強く反応する人間ほど何事にも意欲的になれる」と記しています。このような人間は、常に楽観的で落ち込むことがないのです。**

中国の故事「人間万事塞翁《にんげんばんじさいおう》が馬」は、いつの時代にも通用する強力な成功方程式です。良いことが起こったら浮かれずに気を引き締めて努力を積み重ねる。そして逆境に見舞われたとき、「これにへこたれないで努力を積み重ねれば必ず良いことが起こる」と考えて鍛錬をする――。

このことで必ず道は拓けるという事実をお子さんに伝えてあげてください。

# 逆境を糧に飛躍する

**「人間万事塞翁が馬」**
**悪いことがいつ良いことに転じるかわからない**

## 努力する前に必ずやっておくべきこと

「努力すれば報われる！」と、多くの子どもたちが考えて、今日も勉強や部活動、習い事を頑張っています。その親御さんたちも同様に考えています。しかし、本当にそうでしょうか？

実は努力する前にやらなければならないことがあります。それは自己イメージを書き換える作業です。いくら努力しても肝心の自己イメージが元の古いままでは、努力は徒労に終わる運命にあるからです。

**自己イメージとは〝自分自身をどのような人間として捉えているか〟というものです。**

花巻東高校野球部の佐々木監督は、子どもの頃、父親から小さな植木鉢に入ったイチョウの木をもらいます。

本当は庭に植える大きなイチョウの木が欲しかったのですが、「父親は植木鉢用の小さな苗木をプレゼントしてくれたんだ」と思いました。

しかし、父親から「小さな植木鉢の小さな苗木も庭に植えたら大きく育つんだ」と聞かされて驚いたといいます。佐々木少年は、ちょっとした勘違いをしていたわけです。父親は最初から、庭に植えるためのイチョウをプレゼントしてくれていたのです。

**「器の大きさによって、木の大きさが変わることを、そのとき初めて知りました。そして、それは指導にも通じるものがあると気づかされました。器を大きくしてあげれば、それ相応の大きさになる。『おまえはこれだけだ』といって育てれば、それまでの選手にしか育たない、と。ある選手には段階を踏みながら器の大きさを変えてあげることも必要だと感じました」**

（佐々木亨『道ひらく、海わたる　大谷翔平の素顔』扶桑社）

私は「努力」「自己イメージ」「パフォーマンス」の3つの要素を58ページの図のような概念で考えています。

「努力」の量は、蛇口から流れ出る水の量で示されます。その水を蓄える器の大きさが「自己イメージ」であり、その器に蓄えられた水の量が「パフォーマンス」です。

いくら努力を積み重ねても肝心の「自己イメージ」の器の容積が小さくては、努力は器から溢れ出てムダになってしまいます。努力をする前に「自己イメージ」という器の容積を大きくすること。これが大切なのです。

**「きみの成績はこんなものじゃない」**
**「きみはすごい才能を持っている」**
**「きみの○○の能力を磨けば必ず一流の仲間入りができる」**

このようなメッセージを頻繁にお子さんに語りかけてあげてください。子どもの自己イメージが改善されて自己肯定感も高まり、結果的に、勉強や部活動で大きな成果を挙げることにつながるでしょう。

## 努力・自己イメージ・パフォーマンスの関係

自己イメージの器が大きい
➡大きなパフォーマンス

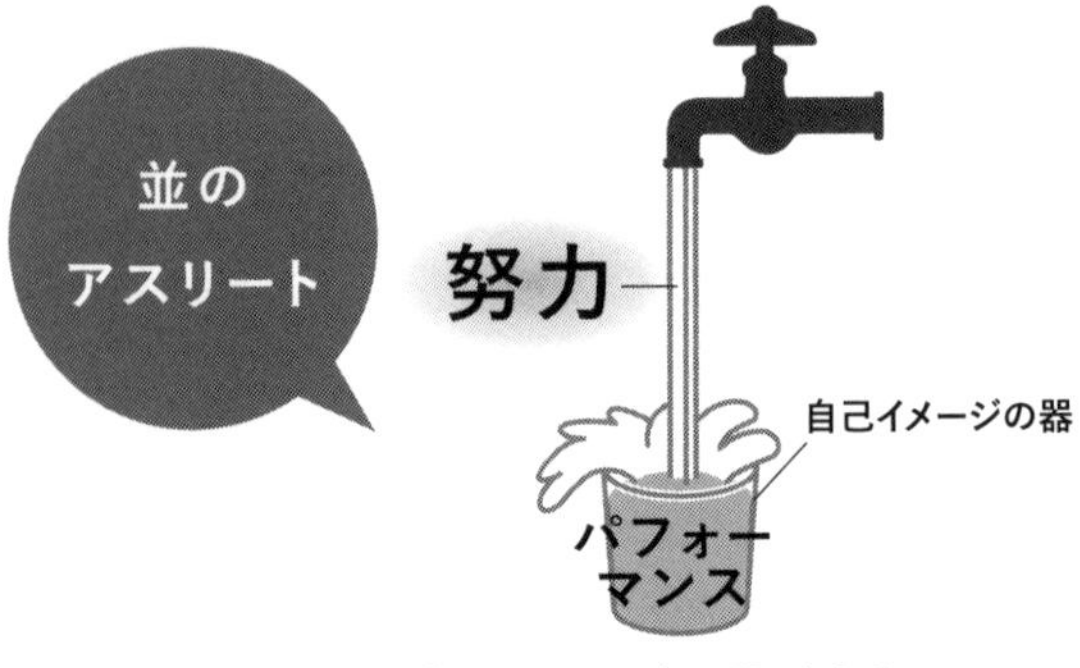


自己イメージの器が小さい
➡小さなパフォーマンス

# 「SWOT分析用紙」で子どもの適性と特徴がわかる

大谷選手が二刀流という日本のプロ野球界では異例の選手を目指したのは、監督や親のアドバイスではなく自分で決めたことでした。高校や大学では、4番でピッチャーを務めた選手はたくさんいます。しかし、プロになった途端、どちらかに絞ってその道に専念するのが野球界のこれまでの常識でした。

大谷選手は、当時を振り返ってこう語っています。

**「できないと決めつけるのは、自分的には嫌でした。ピッチャーができない、バッターができないと考えるのも本当は嫌だった。160㎞を目標としたときもできないと思ったら終わりだと思って、3年間、やってきました。最後に160㎞を投げられたのは自信になっていると思います」**

（石田雄太『大谷翔平　野球翔年Ⅰ』文藝春秋）

ともすれば、私たち日本人は世間一般の常識や周囲の人間の思惑などを考慮して自らの人生を選択しがちです。特に親は、子どもが常識の枠からはみ出すことを嫌う傾向があります。

しかし、大谷選手は違いました。もちろん、彼のご両親や監督が二刀流を容認したことも彼にとって幸いしたことも理解できますが、結局、自分の人生は自分で決めるという強い意志が大谷選手にあったことが大きかったと、私は考えています。

**「目標を持つことは大事だと思いますし、僕がどういう選手になるのかというのは自分で決めること。**

**どういう選手になりたいのかと言われたら、毎日試合に出て、大事なところで打てる選手。任された試合に負けないピッチングができる選手。チームの柱として頑張ってる自分を想像するのはすごく大事なことかなと思います」**

（『文藝春秋』２０１３年10月号）

大谷選手はこのように語っています。子どもの人生は子どものもの。親は子どもの人生にアドバイスすることはできても、コントロールすることはできません。

**子どもに、自分の長所と欠点を客観視して、自分はどんな人間になりたいのかを、ときどき分析するように指導してください。**

私は、指導するアスリートに対して、スポーツ界のみならずビジネス界でも活用されている「SWOT《スウォット》分析用紙」を提供して彼らをバックアップしています。実際に多くのアスリートに受け入れられ、大きな効果を挙げています。

「SWOT」とは、「Strength（強み）」「Weakness（弱み）」「Opportunity（チャンス）」「Threat（ピンチ）」の頭文字をとったものです。一つのテーマに沿ってこの4つの要素に関わるお子さんの特徴を記入しましょう。62ページに用紙を示します。

あなたのお子さんの適性と特徴をこの用紙で洗い出し、それを活用する具体策をリストアップして行動を起こしましょう。「マイナス要因」を解消し、「プラス要因」を増やしていくことが、子どもの自己肯定感を高めるうえで重要です。

# SWOT分析用紙

目的

| | プラス要因 | マイナス要因 |
|---|---|---|
| 内部要因 | Strength（強み）<br>❶<br>❷<br>❸<br>❹ | Weakness（弱み）<br>❶<br>❷<br>❸<br>❹ |
| 外部要因 | Opportunity（チャンス）<br>❶<br>❷<br>❸<br>❹ | Threat（ピンチ）<br>❶<br>❷<br>❸<br>❹ |

## 「書く」「黙読する」「声に出して読む」「聞く」ことの大切さ

夢はできるだけ大きいほうがよいと、私は考えています。なぜなら、描いた夢以上のことは実現不可能だからです。だから、子どもが小さい頃には、「実現したらワクワクするような大きな夢を描くこと」が求められるのです。

大谷選手は、高校1年生のときに「プロ野球の8球団からドラフト1位に指名される」という壮大な目標を掲げていました。実際には、「メジャーに行く」と宣言したため、2012年10月のドラフト会議で1位指名したのは日本ハムファイターズだけでしたが、大きな目標を掲げたからこそ、「ドラフト1位指名」を実現できたのです。

また、彼は投手へのこだわりとしてこんな言葉も発しています。

**「最初は160キロは無理な数字じゃないかと思っていました。ただ、周りの方々にずっと『いける』と言われていましたし、体を管理してくださるトレー**

**ナーさんにもそう言われていたので、いつしか勝手に160キロは『いけるかな』と、その気になっていましたね」**

（佐々木亨『道ひらく、海わたる　大谷翔平の素顔』扶桑社）

夢は、周囲の人たちから「そんな夢が実現できるはずがない」と思われるくらいでちょうどよいのです。そこで親がやるべきことは、「もっと大きな夢に書き換えなさい！」というメッセージを繰り返しお子さんに発し続けることです。

**ここで大切なことがあります。それは目標設定の最大の目的は、目標を達成することではなく、本人のやる気を最大化させることにある、ということです。**

低すぎる目標は簡単に子どものやる気を萎《な》えさせるだけでなく、手抜きがはびこり、目標が達成できないだけでなく、評価すべき成果を得ることもできません。

もちろん、漠然とした夢だけではお子さんは行動する気になれません。より具体的な目標が必要になってきます。

小学生の頃の自分を思い出して大谷選手はこう述べています。

**「リトル（リトルリーグ）のとき、初めて全国大会に出場できました。その目標のために練習をやってきて、それを達成したときは今までで一番と言っていいくらいうれしかった」**

（石田雄太『大谷翔平　野球翔年Ⅰ』文藝春秋）

ある雑誌の取材で「現在の自分をつくるうえで一番大事だった時期はいつか？」という質問に、大谷選手は「小学生時代」と答えています。特に「ゴールデンエイジ」（35ページ）にあたる小学5年生と6年生のときは本当によく練習した時期で、家の中で暇さえあればボールとバットに触っていたといいます。それだけでなく、当時リトルリーグの監督だった父親・徹さんと一緒に風呂に入って野球談議に花を咲かせていたそうです。

目標の達成確率は目標の大きさだけでなく、目標をどれくらいの頻度で確認するかにかかっています。そのための強力な手段が日記です。

**「書く」「黙読する」「声に出して読む」「聞く」といった作業により、子どもが設定した目標を、子どもが自分自身で日々確認する作業を継続させることが大切です。**

ぜひお子さんに日記をつける習慣を身につけさせ、その日に考えていたことを確認することの大切さを繰り返し説いてください。

## 日記を書いて、目標を確認する頻度を増やそう

目標の達成確率は
目標を確認する頻度にかかっている

## 「小さな目標」を達成する快感を積み重ねる

壮大な夢を描くことは、子どもにとっても楽しい作業です。しかし、描きっぱなしではただの気晴らしに終わってしまう可能性が高いのです。

これを回避するには、いささか矛盾するように聞こえるかもしれませんが、「小さな目標」を導入することが大切です。大谷選手は、壮大な夢を実現するために「小さな目標」が大事であることを理解していました。

日々の取り組みの中に小さな目標をしっかり組み込むことにより、着実に実力が身につきます。大谷選手は突然時速160キロのボールを投げたわけではないのです。

**長期間かけて、日々の地道な鍛練により少しずつ球速を上げていったから、160キロの球速を手に入れることができたのです。近道はありません。**

あるとき、大谷選手はこう語っています。

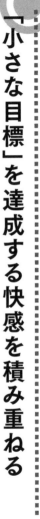

**「160キロを目指していたら、158キロぐらいで終わっちゃう可能性があるので、目標数値は高めにしました。163キロを目指していたら160キロは出るだろうなという想定でいきました。実際に163キロを出していれば、もっとすごかったんですけどね」**

（佐々木亨『道ひらく、海わたる　大谷翔平の素顔』扶桑社）

実は、大きな達成感は日々の小さな達成感の総和により成り立っています。子どもが自分で日々の小さな目標を立て、それを達成する快感を頻繁に味わうことにより、自己肯定感が高まり、着実に成長していくのです。

それでは、もっと具体的に、目標はどんなものが好ましいのでしょうか？

アメリカ・スタンフォード大学の心理学者A・バンデューラ博士は、7歳から10歳の子どもを40名集め、20名ずつの二つのグループに分けて以下のような指示を出しました。

グループAには、「258ページの算数の問題集を頑張って終わらせましょう」、グループBには、「この算数の問題を6ページずつやって終わらせてください」と指示しました。結果、グループAは55％の子どもが最後の問題までたどり着けました。一方、グループBは74％が最後の問題までたどり着けたのです。

**つまり、目標を小刻みに設定することにより、私たちは頑張れるのです。**

大谷選手は、「日々成長」とか「日々進化」という小さなご褒美を獲得することに、異常なほど貪欲です。小さな目標を設定し、それを日々達成することにより「のめり込む」というモードが脳内に形成されます。同時に「自己肯定感」という一流の人間が保持している才能が育つのです。

**もう一度繰り返しましょう。大谷選手を偉大なメジャーリーガーに育てたのは「もう一つ三振を取りたい」とか、「もう1本ホームランを打ちたい」といった「小さな目標」です。そういう目標を小刻みに実現していくことにより、彼は着実に進歩を続けていけたのです。**

これはスポーツのみならず、学習や習い事にも応用できます。

親は子どもに「漢字を10個覚えよう」「算数の参考書を5ページ読破しよう」といった小さな目標を日々クリアすることを習慣化させることが大切です。それが子どもに小さな達成感を味わわせ、ひいては自己肯定感のグレードを上げて、着実に成長していくことにつながっていくのです。

## 大きな達成感は、小さな達成感の総和

日々、小さな目標をこなして、
達成感を頻繁に味わうことにより
自己肯定感が高まり、着実に成長していく

## 「目標設定シート」でやるべきことを可視化する

目標のない日々を送るだけでは、決して抜きん出た才能を身につけることなどできません。目標は飛行機のレーダーにあたるもの。どこに行きたいか、明確な目標がなければ日々の行動は定まりません。当然のことながら、焦点が絞り込まれないので、特定の才能が磨かれることはないのです。

**大谷選手だけでなく、卓球の張本智和選手やフィギュアスケートの紀平梨花選手にも共通していえるのは、「卓球で世界一になる！」「フィギュアスケートのグランプリファイナルで優勝する！」といったとてもシンプルな目標があったから日々の厳しい鍛練に耐えることができたという事実です。**

ただし、「今日1日で漢字を100字覚えなさい」と指示しただけでは、子どもは渋々やるだけでなかなか身につきません。

そうではなく、「今日1日で漢字を100字覚えたら、中間テストで良い成績をとれるよ！」と言うだけで子どもはやる気になるでしょう。そして、実際に成績がアップし、成功体験を積み重ねていくと、最終的には、親がいちいち指示しなくても、何事にも自発的に取り組んでくれるようになります。

アメリカの高名な哲学者であるジョシュア・ハルバースタム博士は、著書『仕事と幸福、そして、人生について』（ディスカヴァー・トゥエンティワン）でこんな言葉を記しています。

**「仕事のもっとも豊かな報酬は、目の前に、つまり仕事をするという行為そのものの中にある」**

もしもあなたのお子さんが宿題や部活動をする行為そのものに価値や快感を見出すことができたら、親が黙っていても自発的にその作業に取り組んでくれます。ゲームや遊びなど楽しいことに熱中するのは、当たり前のこと。大谷選手のような超一流の人間は、ほとんどのアスリートにとって楽しくないはずの日々の練習そのものに快感を見出しているから、全身全霊でその作業にのめり込めるのです。

**面白くない作業の中にその価値を見出すことができれば、親が監視しなくても、子どもは自発的にその作業に取り組んでくれるようになります。**

それでは、目の前の作業に価値を見出すための具体策はないのでしょうか？

花巻東高校の野球部員たちは、入学したときに「目標設定シート」を全員提出させられます。9分割した枠をさらに9分割してその中央に目標を記入し、その周囲の8つの枠にその目標を達成するための具体策を記入するというものです。

大谷選手が1年のときに記入した「目標設定シート」を図に示します。中央の枠の真ん中には「ドラ1、8球団」と最終的な目標を記しました。そしてその周囲の8つの枠にそれを実現するための8つの目標を記し、さらに、それらを実現するために8つの具体策を記していきます。

これを参考に、お子さんと一緒に「目標設定シート」を作成しましょう。日々の作業の意味が明確になり、子どもの自主性を育てることに役立ってくれるはずです。

# 目標設定シート

## 花巻東高校1年のときの<br>大谷選手の「目標設定シート」

| | | | | | | | | |
|---|---|---|---|---|---|---|---|---|
| 体のケア | サプリメントをのむ | FSQ 90kg | インステップ改善 | 体幹強化 | 軸をぶらさない | 角度をつける | 上からボールをたたく | リストの強化 |
| 柔軟性 | **体づくり** | RSQ 130kg | リリースポイントの安定 | **コントロール** | 不安をなくす | 力まない | **キレ** | 下半身主導 |
| スタミナ | 可動域 | 食事 夜7杯 昼3杯 | 下肢の強化 | 体を開かない | メンタルコントロールをする | ボールを前でリリース | 回転数アップ | 可動域 |
| はっきりとした目標、目的をもつ | 一喜一憂しない | 頭は冷静に心は熱く | **体づくり** | **コントロール** | **キレ** | 軸でまわる | 下肢の強化 | 体重増加 |
| ピンチに強い | **メンタル** | 雰囲気に流されない | **メンタル** | **ドラ1 8球団** | **スピード160km/h** | 体幹強化 | **スピード160km/h** | 肩周りの強化 |
| 波をつくらない | 勝利への執念 | 仲間を思いやる心 | **人間性** | **運** | **変化球** | 可動域 | ライナーキャッチボール | ピッチングを増やす |
| 感性 | 愛される人間 | 計画性 | あいさつ | ゴミ拾い | 部屋そうじ | カウントボールを増やす | フォーク完成 | スライダーのキレ |
| 思いやり | **人間性** | 感謝 | 道具を大切に使う | **運** | 審判さんへの態度 | 遅く落差のあるカーブ | **変化球** | 左打者への決め球 |
| 礼儀 | 信頼される人間 | 継続力 | プラス思考 | 応援される人間になる | 本を読む | ストレートと同じフォームで投げる | ストライクからボールに投げるコントロール | 奥行きをイメージ |

※FSQはフロントスクワット、RSQはリアスクワット

出所：スポニチアネックス、2013年2月2日

# 3章

# モチベーションを高めよう!

## やる気と工夫を生む「数値化」のマジック

やる気を高めるうえで、「数値化」はとても大切な技術です。大谷選手が、小さい頃から徹底してこだわった数値は球速でした。だからこそ、高校3年生の夏の甲子園予選でアマチュア野球史上初の時速160キロのボールを投げることができたといってもいいのです。

大谷選手は、球速アップへのこだわりについてこう語っています。

**「中学のときは球速を測ったことがなかったので実際にはわからないんですけど、高校に入ったときくらいですかね。学校にもスピードガンがありましたし、初めて140キロとか150キロとかいう数字がわかるようになって。そこでどんどん球速が伸びていくのはやっぱり楽しかったですね」**

（大谷翔平『不可能を可能にする大谷翔平120の思考』ぴあ）

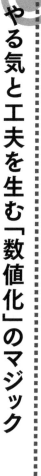

大谷選手も活用した「目標設定シート」（76ページ）にも、はっきりと「スピード160km／h」と記されています。

「時速160キロのボールを投げる」という数字を入れることで、「体幹強化」「可動域」「肩周りの強化」「軸でまわる」といった具体策が矢継ぎ早に出てくるのです。

「一生懸命頑張れ！」とか、「もっと気合を入れて！」といった漠然とした表現では、お子さんはどうしていいかわかりません。

**そこで、たとえば「今度の国語の試験で良い成績をとる」ではなく、目標に数値を入れ、「今度の国語の試験で90点をとる」とすべきなのです。**

あるいは、野球の部活動で「毎日素振りをする」ではなく、「毎日素振りを100回行う」と目標に数字を入れましょう。それだけでやる気が見違えるように出てきますし、工夫もするようになります。

小学生の立ち幅跳びの記録に関して面白いデータがあります（81ページの図）。

まず、全員に何の指示もなく1回目の立ち幅跳びをさせました。次に5つのグループに分け、グループAには目標の数値を設定させず、ほかのグループB、C、D、Eには、それぞれ1回目の100%、110%、120%、130%に記録を伸ばすと宣言させてから、2回目を跳びました。

**結果は、目標を設定しなかったグループAよりもほかの4つのグループは明らかに記録を伸ばせたのです。それだけでなく、「110%に記録を伸ばす!」と宣言したグループCがもっとも記録を伸ばしたのです。**

このように、目標に数字を入れることにより記録が伸びる、という心理学の実験データはほかにもたくさんあります。

目標に数字を入れることにより、「満点ではなかったけど目標の9割は達成できた!」「目標がクリアできたから、次はもう少し目標のバーを引き上げてみよう!」といった具体策が次々にアイディアとして出てくるのです。

お子さんの成長を数字で表現して「見える化」してあげましょう。はるかかなたに見えた夢が、確実に引き寄せられてくる感覚を味わえるはずです。

## 立ち幅跳びの成績に及ぼす数値化の効果

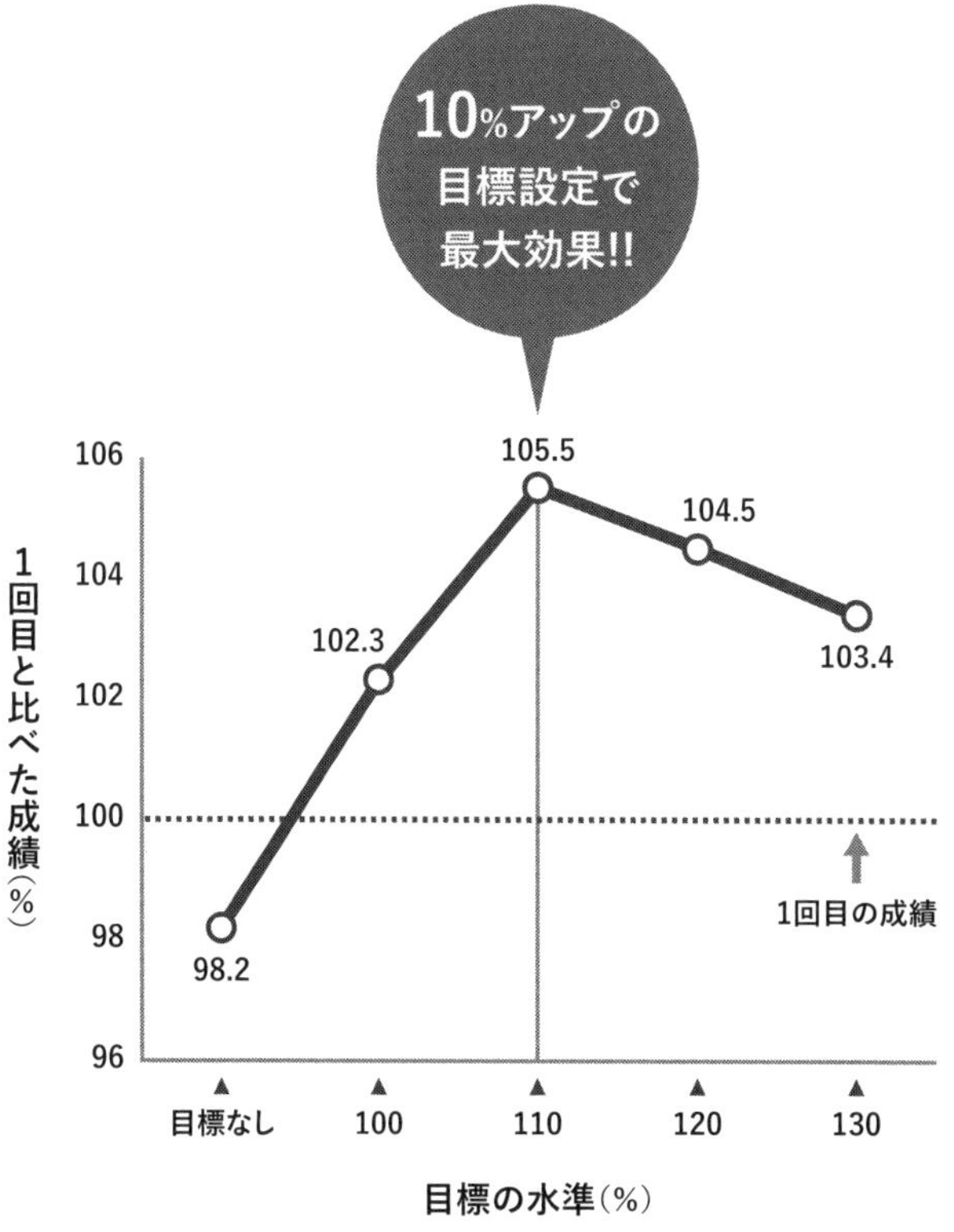

# 逆境で心が折れる子、折れない子

好調の波に乗っているとき、一流と凡人の違いはたいしてありません。違いは、逆境に見舞われたときに現れます。一流の人間は、スポーツ界に限らずどんな分野においても、心理学で言う「逆境耐性」の強さが半端ではないのです。

大谷選手も、これまでずっと順風満帆の人生を歩んだわけではありません。小学5年生から中学1年生にかけての3年間に辛酸を味わっています。最初の2年間は地区大会で敗れて全国大会に行けませんでした。

しかし、チーム最終年の中学1年生のときに主将として戦った地区大会で見事に優勝を飾り、全国大会ではベスト16に入ったのです。この3年間の経験を振り返って大谷選手はこう語っています。

**「悔しい経験がないと嬉しい経験もないということをあの時、知ることが出来ました」**

（大谷翔平『不可能を可能にする大谷翔平120の思考』ぴあ）

多くの子どもたちは、試合に負けたり、悪い成績が続くと簡単にやる気をなくしてしまいます。しかしごく一握りの子どもは、大谷選手のように逆境耐性が強いので、失敗をバネにして自分を奮い立たせ、さらなる努力を積み重ねることができるのです。

**逆境に見舞われたとき、いかにしてお子さんのモチベーションを上げてやるか。これも親に課せられた大きなテーマです。**

「モチベーション3・0」という21世紀型の動機づけ論を提示したアメリカのダニエル・ピンク博士は、モチベーションのタイプをタイプI（intrinsic）とタイプX（extrinsic）の二つに分類しています。前者は内発的モチベーションによって喚起されるタイプ、後者は外発的モチベーションにより触発されるタイプです。

ピンク博士は著書『モチベーション3・0』（講談社+α文庫）でこう記しています。

**「タイプIの行動は根本的に『自律性』『マスタリー（熟達）』『目的』という三つの要**

**素をよりどころとしている。自らの意思で行動を決める。意味あることの熟達を目指して、打ち込む。さらなる高みへの追求を目的へと結びつける」**

大谷選手がタイプIであることは、言うまでもありません。大谷選手のやる気は内発的モチベーションに支えられているからとても逆境耐性が強く、どんなに辛い練習も自発的に取り組めるのです。

一方、タイプXの人間は外発的モチベーションを優先させるあまり、置かれた状況に大きく左右される傾向があり、モチベーションレベルはとても不安定です。内発的モチベーションは持続性、安定性において間違いなく外発的モチベーションを凌駕《りょうが》しているのです。

あるとき、大谷選手はこう語っています。

**「たとえば、自転車に初めて乗れたときと一緒だと思います。初めて自転車に乗れた。自分で自転車を運転できるようになった。あるいは、算数で出来なかった問題を解けるようになった。そんな瞬間と何も変わらない。それがたまた**

**ま、僕の場合は野球にその楽しさがあった。それは今でも変わらないですね」**

（佐々木亨『道ひらく、海わたる　大谷翔平の素顔』扶桑社）

子どもの最強の内発的モチベーションは何か――。親はそれを本人にもしっかりと自覚させ、育てるようにサポートしてあげることです。

## モチベーションのタイプには
## タイプIとタイプXの二つがある

### タイプI
intrinsic:内発的

内発的モチベーションによって喚起されるタイプ。外的な報酬より、活動そのものから満足感を得られる

### タイプX
extrinsic:外発的

外発的モチベーションにより触発されるタイプ。満足感はその活動から得られる外的な報酬と結びつく

あなたの子どもはどちらのタイプか。
子どもの最強の内発的モチベーションは何か

# 一つのことに没頭する「夢中モード」に入れるか

大谷選手の「野球が好き」という感覚は、尋常ではありません。彼は、「好き」という感覚をバネにして鍛錬に時間を注ぐ典型的なタイプのアスリートです。

大谷選手はたぶん24時間「野球」というキーワードにのめり込んでいるはずです。練習やゲームのときはもちろん、食べているときも、リラックスしているときも、ひょっとしたら眠っているときも、ずっと野球のことを考えているはずです。そのことについて彼自身、こう語っています。

**「野球が頭から離れることはないです。オフに入っても常に練習してますもん。休みたいとも思いません。**

**ダルビッシュさんからアドバイスをもらったりしますが、一人であるだこうだ考えながらトレーニングすることが好きで、それまでできなかったことができるようになるのが楽しいんです。そういう姿勢は高校時代と変わりません」**

（佐々木亨『道ひらく、海わたる　大谷翔平の素顔』扶桑社）

２０１６年の日本シリーズ優勝旅行で行ったハワイでも、同行した取材陣に「僕を探さないでください」と言って、みんなに隠れて一人きりになって黙々とトレーニングに明け暮れたといいます。

あなたのお子さんが夢中でのめり込むものは何ですか？

それは遊びでもなんでもいいのです。朝から晩まで一つのことに打ち込める対象を、とにかく早く見つけることです。

もしあなたのお子さんが就学前なら、積み木でもジグソーパズルでもかまいません。何でもいいから没頭できるものが見つかれば、自然発生的に「夢中モード」に入れます。こうした経験を積むことで、やがて、たとえテーマが変わっても、それが必要だとわかったら夢中になってやり遂げるスキルが身につくのです。

このスキルを身につけるのは、早ければ早いほどいいというのが私の考えです。脳の発育段階でこのモードを教え込むことにより、たとえ辛い作業でも、やるべきことをきっちりやり遂げる子どもに育つのです。

先にも述べたように、モチベーションには大きく分類して、内発的モチベーションと、外発的モチベーションがありますが、強力なのは内発的モチベーションのほうです。なぜなら、内発的モチベーションには、「自発的」かつ「能動的」な性格が備わっているからです。

**子どもが、自然に目の前の作業にのめり込む、内発的モチベーションを心の中に育てる後押しをしてやるのが親の大切な務めです。**

それには、小さい頃から、遊びでもなんでもいいので、一つのことにのめり込んで、ご飯を食べるのも忘れてしまうような経験をさせることです。そのことによって、子どもの内発的モチベーションが鍛えられ、意外と簡単に成功の鍵である「夢中モード」を身につけることができるようになるのです。

# 成功の鍵となる夢中モードを早い時期に身につける

夢中モードの経験を積むことで、
目的をやり遂げるスキルが身につく

# 「賢明な鍛練」にたっぷり時間をかける

反復練習ほど退屈な作業はありません。しかし、これを地道に行ったから、現在の大谷選手が存在するのです。

私たちは一流のアスリートの華麗なパフォーマンスに酔いしれます。でも、彼らがいとも簡単に素晴らしいパフォーマンスを発揮できるのは、私たちの知らないところで何千時間、何万時間もかけて反復練習を積み重ねてきたからです。

『究極の鍛錬』（サンマーク出版）を著したジョフ・コルヴァン氏は、本の中でこう語っています。

**「究極の鍛錬は苦しくつらい。しかし効果がある。究極の鍛錬を積めば、パフォーマンスが高まり、死ぬほど繰り返せば偉業につながる」**

天賦の才能が偉業を達成する最大の要件である、という考えに私は賛成しません。

もちろん、大谷選手は類稀なる野球の素質があったからメジャーリーガーになり得たというのは紛れもない事実です。しかし、才能に恵まれていたからといって必ずしも偉大なアスリートの仲間入りができるとは限りません。

**時代の進展と共に、様々な分野において競争が激化しています。スポーツの世界も同様です。アマチュアの時代から、アスリートが費やす鍛練の時間は飛躍的に増加しています。**

たとえば、1908年ロンドンオリンピックの男子200メートルの記録は22秒6です。これは現在の日本高校記録よりも2秒以上遅いのです。わずか100年で人間が遺伝子的に進化することはありません。

記録が飛躍的に伸びた理由は、反復練習にかける時間の質と量の変化や、用具の改良、スポーツ科学のバックアップによるものと私は考えています。

この中でも圧倒的に反復練習にかける時間の質と量の違いが記録の伸びに貢献しているはずです。言い換えれば、一流の人間ほど賢明な鍛練を採用しているだけでなく、その賢明な鍛練にたっぷり時間をかけているのです。
あるとき、大谷選手はこう語っています。

**「人に評価される職業なのでもちろん数字や成績も大事だけど、そのためにはやりません。ある意味、自己満足のためにやっています。僕が、『そういうプレーヤーになりたい』『そこのレベルに行きたい』『そういう人たちと勝負してみたい』。そのためにやっているんです」**

（佐々木亨『道ひらく、海わたる　大谷翔平の素顔』扶桑社）

ただし、やみくもに反復練習をするだけでは大きな成果は期待できません。具体的なテーマを頭に叩き込んで、フィードバックを加えながら反復練習することが重要です。こうした泥臭い鍛練の中に楽しさを見出すことが、子どもが壮大な夢を実現するための最強の味方といえるかもしれません。

## “賢明な鍛錬”が天才を育てる

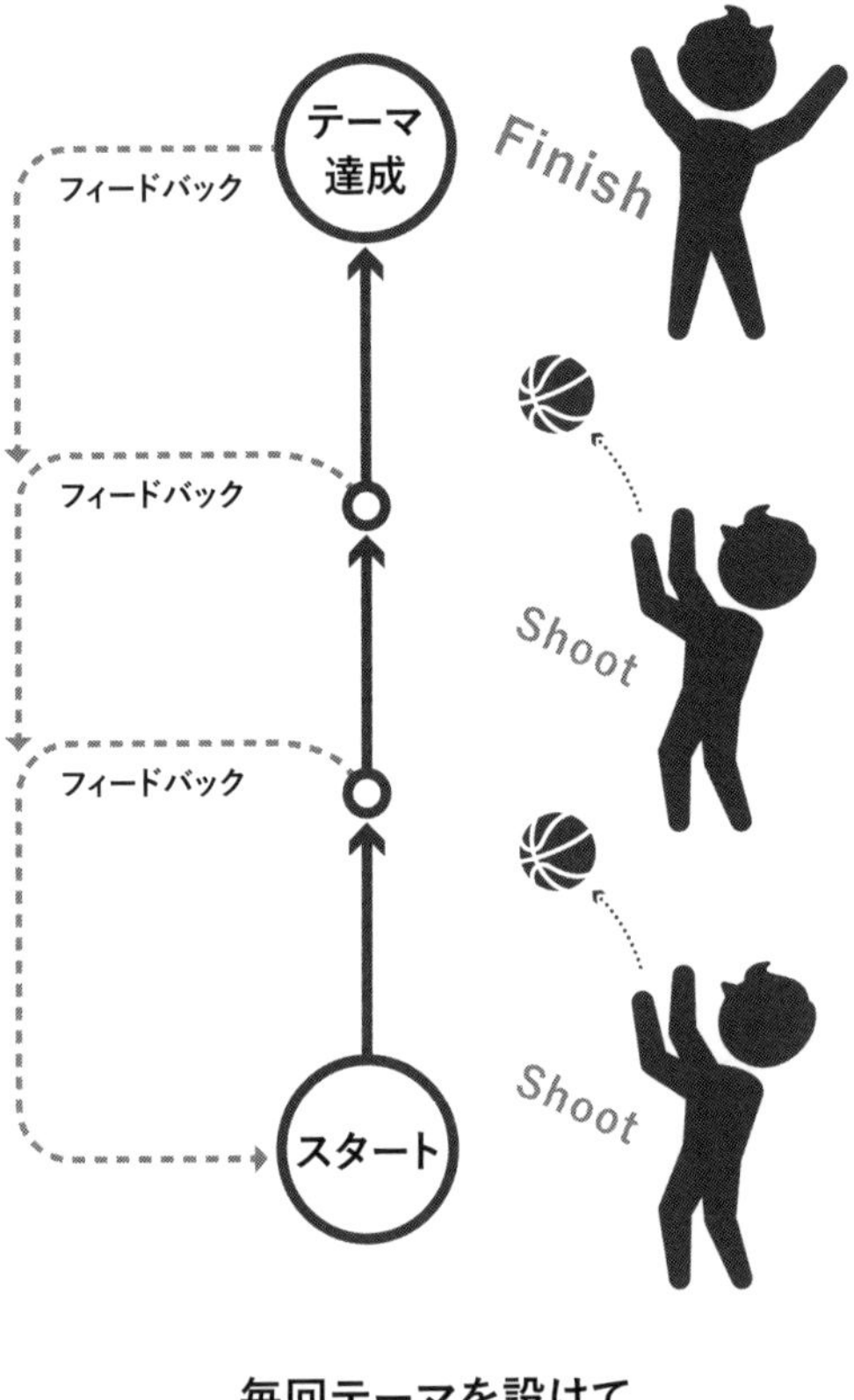


毎回テーマを設けて、
フィードバックを加えながら反復練習しよう

## 失敗できる環境をつくってあげるのが親の役割

目の前に二つの道が枝分かれしています。一つは困難な道。そしてもう一つは安易な道。大谷選手が選択してきたのは、もちろん前者の困難な道のほうです。

大きな困難を克服したときの快感は何物にも代え難いものがあります。逆に、易しいことをこなすだけの日々は退屈で不完全燃焼感が残ります。お子さんにぜひ伝えてほしいのは、このあえて困難な道を選ぶことの大切さです。

**「どうしてできないいんだろうと考えることはあっても、これは無理、絶対にできないといった限界を感じたことは一度もありません。今は難しくても、そのうち乗り越えられる、もっともっと良くなるという確信がありましたし、そのための練習は楽しかったです」**

（タウンワークマガジン、2017年10月30日）

これは、プロ野球1年目を終えての大谷選手の言葉です。その年の大谷選手の成績は、投手として3勝0敗、防御率4・23。打者として189打数45安打、打率・238、打点20、本塁打3本。
ルーキーイヤーとはいえ、大谷選手にとっては不本意なシーズンであったことは間違いありません。しかし、この不本意なシーズンがあったからこそ、大谷選手は以降のシーズンで大きく飛躍することができたのです。
大谷選手は壁を乗り越えることを生きがいにしているのではないか、と思えるほど困難になればなるほどモチベーションを上げてその壁を乗り越えることに挑戦していくことができます。

**日本では、挑戦に伴う失敗には「ミステイク」という良くないイメージがつきまといます。でも、本来、挑戦とは、成功にたどり着くまでの失敗の連続であるはずです。つまり、失敗は、「ミステイク」ではなく、「チャレンジ」なのです。**

当たり前のことですが、壁を乗り越えようとして、難しいことに挑戦すればするほど失敗する確率も高まります。でも、それを恐れていては、状況はいつまでたっても今のまま変わらず、何も始まりません。

この成熟した情報化社会においても、いまだにチャレンジしてみないとわからないことだらけです。困難に果敢にチャレンジすることに意義があるというのは、今も昔も変わらない真実なのです。たとえそこで失敗しても、何かのヒントをつかめれば、それは進化したことになるのです。

本書の別のところでも述べていますが、親の大切な務めは、子どもがチャレンジしたことの結果をあれこれ批評することではなく、たとえ結果がうまくいってもいかなくても、チャレンジしたことを、そして、そこでベストを尽くしたことを褒めてあげることです。

子どもにどんどん失敗させましょう。どんどん失敗できる環境をつくってやるのも、親の大きな役割なのです。

## あえて困難な道を選ぼう

道が二つあったら、迷わず難しい道を選択。
大きな困難を克服したときの快感は、
何物にも代え難い

# 成功を約束する「成長欲求」と「期待欲求」

大谷選手のようなトップアスリートは、「成長欲求」と「期待欲求」が並外れて強烈です。プロ2年目となる2014年シーズン開幕前に、投げ方をワインドアップからセットポジションに変更したことについて、大谷選手はこう語っています。

**「ひらめきというか、こういうふうに投げてみよう、こうやって打ってみようというものが、突然出てきますからね。やってみて何も感じなかったらそれでいいし、継続した先にもっといいひらめきが出てくることもあります」**

（大谷翔平『不可能を可能にする大谷翔平120の思考』ぴあ）

日々成長する自分が見たい――。大谷選手のように、実現したらワクワクするような目標を持ちながら、日々のわずかな成長を感知するセンサーに磨きをかける。これは大切なことです。

昨日の自分よりも今日の自分、そして今日の自分よりも明日の自分はわずかではあるが着実に成長している。この手応えを得たいという「成長欲求」が、日々頑張れる原動力になるのです。

とはいえ、日々の鍛練を積み重ねても、それがすぐに成績に現れるとは限りません。むしろ、いくら努力しても成績に結びつかないことのほうが多いのです。

あなたのお子さんは、どこまでその停滞に耐えられるでしょうか。そこで必要になってくるのが「期待欲求」です。

**残念ながら、私たちは目に見える成果を性急に求める傾向があります。しかし、大谷選手のような一流アスリートの場合は、常に未来の自分に期待するから、「たとえ今は形に現れなくても自分の内面では着実に成長している」と考えられるのです。**

アメリカ・ミシガン州立大学のJ・ブロフィ博士は、自分で自分を褒める習慣を持つ子どもは努力家になるとしています。

お子さんに自分を褒めることの大切さを強調してください。

「自分の潜在能力はこんなものじゃない！」「もっとすごい自分を見ることができる！」といった自分への期待の言葉を口癖にすることを習慣化させてください。

そのうえで努力を積み重ねれば、必ずすごいパフォーマンスを発揮する子どもに成長してくれます。

大谷選手の場合、自らへの期待を実現し、一つの目標にたどり着いても、妥協することはありません。すぐにさらなる高みを目指して、新たな目標めがけて邁進していけるのです。

私の大好きな英国の劇作家ジョージ・バーナード・ショーの言葉です。


**「人生には二つの悲劇がある。一つは心の願いが達せられないこと、もう一つはそれが達せられてしまうことである」**

心の中を「成長欲求」と「期待欲求」でいっぱいに満たして、絶え間ない努力を自発的に行うこと――。これこそ夢を実現するための最強の方程式といえるのかもしれません。

# 常に自分の成長を望み、未来の自分に期待する

「成長欲求」と「期待欲求」を心に満たし、
さらなる高みを目指そう

# 気持ちを文字にしてアウトプットする習慣

自分がその日感じたことを忘れないように、その日のうちに書き残す習慣をつけることはとても大切です。私は、メンタルカウンセリングをしてきた多くのアスリートに、このことを強くすすめてきました。

大谷選手はこう語っています。

**「その日に起きた良かったこと、悪かったこと。自分が感じて『次にこういうことをやろう』という内容を書き込むようにしています（中略）もちろん、野球に関することが多いですけど、そのほかにも自分が気づいたこと全般を一言二言、箇条書きで。後で〝この時はこう思っていたんだ〟と読み返すためです」**

（大谷翔平『不可能を可能にする大谷翔平120の思考』ぴあ）

ぜひあなたのお子さんにも、大谷選手のように日々の思考や行動を文字にして残すことを習慣化させてください。もし、その日考えたことや行動したことを形に残さなかったら、それらは永久に闇に葬り去られる運命にあるのです。

その日に感じた気持ちを文字にしてアウトプットすることにより、良い効果が表れることは心理学でも証明されています。

アメリカのウェイン州立大学のK・M・プロベンザーノ博士らは、大学生74名を二つのグループに分け、グループAには、その日の出来事だけを記録させ、グループBには、その日感じた気持ちを日記に書かせました。

その結果、グループBの学生の成績が、日記をつけ始める前よりも向上したのです。

**つまり、大谷選手のように、その日に起きたことに対して、自分がどう感じたかを記録として、残しておくことが大切なのです。**

私がおすすめしたいのが、実際に多くのアスリートに活用してもらっている「やる気究明ノート」（106ページ）です。

この用紙は週単位で記入します。日曜日の夕方にその週の反省を兼ねて前週に書き上げた要素をチェックしながら新しい用紙に記入していきましょう。

まず日付を記入して、やる気を高める要素とやる気をなくす要素を箇条書きに記入していきます。最後に、今週のやる気指数を100点満点で記入します。

子どものモチベーションを高いレベルで維持するには、やる気を高める要素だけでなく、やる気をなくす要素を見つけ、それを排除することも、忘れてはならない重要な作業です。お子さんには、

「やる気を高める要素をなお一層強化して、やる気をなくす要素を取り除くことに努めなさい」

と、アドバイスしてください。

週が変わっても、新しい用紙には同じ要素を記入することが多いはずです。それでいいのです。

モチベーションを左右する要素をこの用紙で毎週確認することが、お子さんの日々のやる気を高めてくれるのです。

# やる気究明ノート

20　年　月　日

20　年　月　第　週

■ やる気を高める要素

❶ ________________

❷ ________________

❸ ________________

❹ ________________

❺ ________________

■ やる気をなくす要素

❶ ________________

❷ ________________

❸ ________________

❹ ________________

❺ ________________

今週のやる気指数 [　　] 点

# 第2部

# 羽生結弦の育て方

## ――世界最高峰の天才スケーター――

4章

# 自発的に行動しよう！

## 自信満々な子どもが成功する理由

2018年2月17日、日本フィギュアスケート界に一つの歴史が刻まれました。羽生結弦選手によって、冬季オリンピック・男子シングル2連覇の記録が66年ぶりに達成されたのです。もちろんこの偉業は、日本人で羽生選手が初めてです。

前日のショートプログラムで4回転ループを回避、演技後半のトリプルアクセルでは審査員全員から満点の評価を受け、すべてのジャンプに成功します。得点は自己ベストに肉薄する111・68。

そして翌日のフリーも、大きなミスは4回転トゥループの一つだけというほぼ完璧な演技を披露し、技術点との合計206・17。自己ベストには及ばないものの、ショートプログラムとの合計点は317・85となり、2位の宇野昌磨選手を10点以上引き離しての冬季オリンピック2連覇という偉業の達成でした。

試合後の記者会見で羽生選手はこう振り返っています。

**「（演技を終えた瞬間）勝ったと思った。ソチ五輪のときは勝てるかなという不安しかなかったが、今回は何より自分に勝てたと思った」**

（『日本経済新聞』2018年2月17日）

羽生選手にとっての最大のライバルは自分自身です。「自分に勝てた」というメッセージがそのことを象徴しています。彼のように、頂点を極めたアスリートにとっては、「自己実現」こそ究極の目標になります。

**最高の自分を引き出す――。常にこのことを目標にして、練習を積み重ねたアスリートだけが、頂点に上り詰めることができるのです。**

彼らの脳裏には、「どうすれば理想の自分を引き出し、最高のプレーができるか」という意識が常に存在しています。羽生選手も、大谷翔平選手と同じく、きわめて強烈な「自分はできる！」という自己肯定感を持っています。

リーダーシップ論の世界的権威、ジョン・C・マクスウェルは著書『その他大勢から抜け出す成功法則』（三笠書房）の中で、こう語っています。

**「人間の持つエネルギー・レベルと、前向きに考え可能性を信じることとの間には、密接な関係がある。見通しが暗いと知って元気が出る人はいないだろう。成功しないと分かっていることに、どれだけの時間とエネルギーを費やすことができるだろう。勝ち目のない戦いに挑む人はいない。成功を信じてこそ、情熱を燃やすことができる。自分のやっていることに自信があるとき、エネルギーは湧いてくるのである」**

勝てそうな気がするなら、もう半分勝ったようなものだと私は考えています。一方、あなたのお子さんが「勝てそうにない」と思うなら、すでに戦いには負けているのだから、どんなに努力をしてもムダなのです。

自信満々の態度と表情を維持して日々の生活を送れるように、あなたのお子さんを導いてあげましょう。そのことが、やがて子どもの心の中に本当の自己肯定感が満ちることにつながります。それだけでなく、周囲の人たちからも高い評価を得られるようになるのです。

# 自己肯定感が最高の自分を引き出す

「できる」と思ったら、
もう半分はできたようなもの

## 自主的に鍛練にのめり込む人は無敵

2018年平昌《ピョンチャン》オリンピックでのフリー演技が終わった直後、羽生選手は負傷していた右足に優しく手を添えました。「良くない右足に感謝しかない」という思いが込み上げてきたからです。思えばフリーは極限まで痛みを我慢し、こらえた演技であったといえます。

前半を無難に滑り、後半最初の4回転サルコウ＋トリプルトゥループもそつなくこなしました。その後も、予定していたトリプルアクセル—ダブルトゥループを、トリプルアクセル—シングルループ—トリプルサルコウに変更し、減点を最小限にすることを試みました。

その後トリプルループを決めて、最後のトリプルルッツも体勢を崩しながらも懸命にこらえ、見事に演じきったのです。競技を終えて羽生選手はこう語っています。

**「サルコウもトウループもアクセルも、何年間もやってきているので、（体が）**

**覚えていてくれました」**

（Number Web、2018年2月17日）

結局、最後は自分が身につけたものに頼るしかありません。長年の血の滲《にじ》むような鍛練によって獲得した完璧な身体の動きを、脳内に記憶させ、それに頼るしかないのです。

著名な認知科学者のK・A・エリクソン博士は、ウェストベルリン音楽アカデミーの協力を得て、将来を有望視されるバイオリニストたちを調査しました。その結果、彼らが一番大切にしているのは「自己練習」でした。

普通の学生が平均して1日に1・3時間しか練習をしていないのに比べ、有望とされた学生は3・5時間も練習をしていました。与えられた練習ではなく、自分で納得のできる練習を人一倍行っていたのです。

オリンピック2連覇を成し遂げられた要因について、羽生選手は次のように述べています。

**「誰かに言われてやったわけではないです。自分の強みは、自分で考えて分析**

**して、感覚として氷上に出せることだと思います。それができたということ」**

（『AERA増刊　羽生結弦』朝日新聞出版）

羽生選手のような超一流のアスリートに共通していること。それは様々な工夫を凝らして自主的に鍛練にのめり込めること。彼は、自分で納得できない練習を実行に移すことはありません。また、限られた練習時間に最大効果を挙げるメニューしか受け付けません。

フロリダ州立大学のＰ・ペレーウィ博士は、１００人以上の学生にラジオの組み立て作業をやらせました。彼らはみなその作業が初めての体験でした。学生は最後まで作業をやり遂げる人たちと、途中で投げ出してしまう人たちに分かれました。

そこでペレーウィ博士は、どんな学生が最後までやり遂げられたのかを調査しました。

その結果、「自分の人生は自分で切り拓くことができる」と考える自己肯定感を持った学生が最後まで作業をやり遂げることができたという事実が判明したのです。

勉強や部活動に限らず、自分の道は自分で切り拓くことができるという自己肯定感が不可欠です。子どもが自分のやり方を見つけ、それを武器にすることができるようになれば、面白いように次々と成果を挙げることができるようになります。

それは決して簡単なことではありませんが、そこに親の日々のサポートが生きてくるのです。

## 与えられた練習より自己練習

### 1日あたりの「自己練習」時間

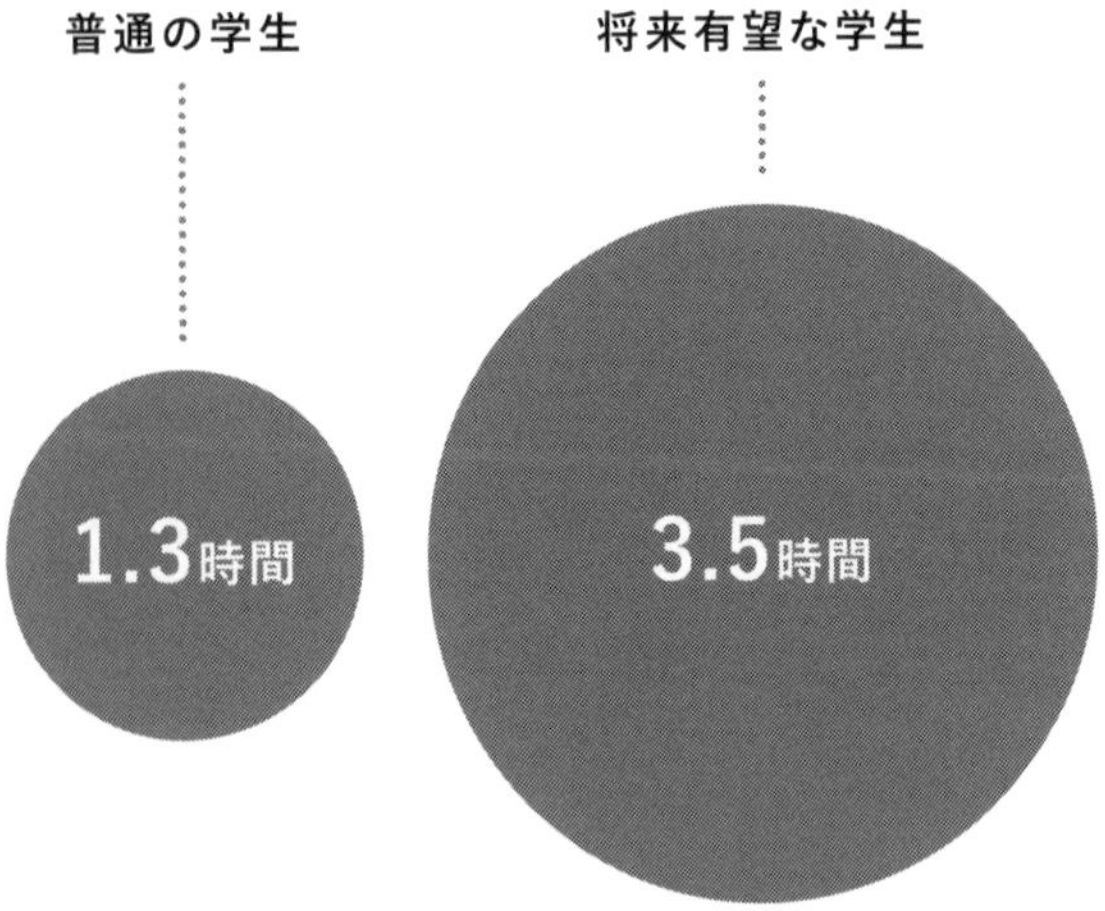


※認知科学者K. A. エリクソン博士による調査。
ウェストベルリン音楽アカデミー

**結局、最後は長年の鍛練によって**
**身につけたものだけが役に立つ**

## 結局、「自分のやりたいこと」しか究められない

羽生選手は、自分の主張を容易に崩そうとはしません。もちろん、他人の意見に流され、自分を見失うこともありません。

**もしもあなたのお子さんが小学校高学年以上なら、「自分のやりたいことをやりなさい！」と、アドバイスしてあげましょう。**

現在の羽生選手があるのも、ご両親が彼のやりたいことを最優先させたからこそといえるでしょう。羽生選手は家族についてこう語っています。

**「極論を言うと、（壁を乗り越えるパワーは）母親です。母は人生の目的が、自分自身じゃなくなっているんです。その感覚を、プレッシャーと感じないのが家族のありがたさです。本当に色々と支えてもらっています。**

**（中略）スケートを始めてからずっと大変でした。でも、両親がスケートをやらせてくれた事には感謝しています。姉がやっていなかったら、僕もやっていないと思います。恐らく野球をして、もっと勉強していたでしょう」**

（羽生結弦『夢を生きる』中央公論新社）

羽生選手をさらなる高みへと駆り立てるのは、自分を人生の主人公と感じ、自らの持論に従って行動する持論系のモチベーションです。

羽生選手だけでなく、大谷翔平、大坂なおみ、桃田賢斗といった日本を代表するアスリートたちは、たとえ先輩や監督に対しても自分を曲げようとせず、持論を掲げ、「自分のやり方」で人生を切り拓いてきました。

お子さんの人生の主役は、もちろんお子さん自身です。持論に従って、自発的にやる行動と親の指示に従って渋々やる行動では、モチベーションの度合いはおのずから違ったものになります。もちろん、前者のほうがモチベーションの度合いが高いことは言うまでもありません。

次に掲げるのは、『幸福論』を著したフランスの哲学者、アランの言葉です。

**「どんな職業も、自分が支配している限り愉快であり、自分が服従している限り不幸である」**

自分が好きなことで生計を立てることは、もちろん簡単なことではありません。しかし、少なくとも成人になるまでは、お子さんの好きなことを伸ばし、育てることが大事です。

「お母さんも大賛成よ！」「思いっきり楽しんだほうがいいよ！」といった言葉を投げかけ、お子さんの「やりたいこと」に磨きをかけてあげましょう。

**わが子が好きなことを仕事にして、楽しい人生を送ることを望まない親はいません。**

お子さんが、「これだ！」という本当にやりたいものを見つける手助けを精一杯してあげてください。

## 子どもの人生の主役は、子ども自身。本当にやりたいことを見つける手助けを

**自発的にやる行動と**
**誰かの指示に従って渋々やる行動とでは、**
**モチベーションの度合いは**
**おのずから違ったものになる**

# 子どもの努力に「ご褒美」は効果的？

「努力」という言葉には、どことなく〝やらされ感〟が漂っていると思うのは、私だけでしょうか？　おそらく羽生選手も同じでしょう。彼の辞書には「努力」という文字は存在しません。

同じ練習をするにしても、「もっと努力しなきゃ」「もっと頑張らなきゃ」と思いながらやっていては、どうしても「渋々やる作業」になってしまい、それでは楽しくないから、練習も長続きしないし、成果も挙がりません。

羽生選手が「もっと練習したい」と言うとき、そこには「努力」のニュアンスは皆無です。

たとえば、羽生選手はこんな言葉を残しています。

**「毎シーズン進化しようと思っていますし、構成も毎年変わっています。もっと練習してうまくなりたい。もっと練習してコンスタントに跳びたい」**

（Biz Clip、２０１８年8月27日）

宿題や部活動、習い事においても、努力しているという感覚が消えたとき、その作業は本物になります。

それでは、その前段階として、お子さんが自発的に目の前の辛い作業に取り組むようにするにはどのような工夫が必要でしょうか？

一つは「ご褒美作戦」です。

たとえば、週末に子どもに「今日の夕飯のお手伝いをして！」と頼んだとします。すると子どもは、「お小遣いくれたらお手伝いするよ」と、褒美を要求してきます。

**趣味に代表されるような、自分が好きなことは無償で行うことができるのですが、あまり面白くない作業をやらせるには、ときには褒美も必要です。**

その意味では、お手伝いをさせるために、子どもに褒美を与えるのも一つの方法といえます。たしかに、スポーツや勉強でも、子どもにある課題を与え、それに取り組むという条件で褒美を与えるという方法で、子どものやる気を喚起することはできます。

しかし、何事に対しても、褒美を与えないと行動に移さないということが当たり前になってしまうのは、やはり問題です。

そこで発想を転換してみましょう。与えられた課題をクリアすることで得られる、将来の「成長」や「進化」こそが本当のご褒美だという考え方です。

この際、「努力」だけでなく、「頑張る」とか「一生懸命」といった言葉も封印してしまいましょう。

「成長」や「進化」という形には見えないけれど、とびきりのご褒美の価値を納得できれば、たとえ目前の辛い作業でも、自発的に取り組めるようになるのです。

## ご褒美作戦は諸刃の剣

いつもご褒美作戦ばかりだと……

**最高のご褒美は物やお金ではなく、**
**将来の成長や進化である**

# 「不言実行」より「有言実行」！

昔と違って、現代に生きる子どもたちには誘惑が多すぎます。たとえば、スマートフォン（スマホ）やゲームです。これらに自由になる時間のほとんどを費やしていては、気晴らしにはなっても、才能を磨くことはできません。

アメリカのテレビ関係の賞であるエミー賞を受賞した著名な俳優ベン・スタイン氏はこう語っています。

**「人生で欲しいものを手に入れるための第一歩は、自分の欲しいものを決めることだ」**

「男は黙って……」の「不言実行」が褒められたのは、遠い昭和の時代のお話です。不言実行でうまくいったときはいいのですが、うまくいかなかったときは、その目標は誰にも知られずに闇に葬り去られる運命にあるため、本人のやる気が高まらないという欠点があるのです。

**「不言実行」は、普段の目立たない練習の心構えであるべきで、目標設定に関しては「有言実行」であるべきであると、私は考えています。**

2008年の全日本選手権に14歳で特別出場したとき、羽生選手は会場で記者に向かってこう語ったといいます。

**「日本には荒川静香さんの五輪金メダルがあるので、僕が日本で2人目の五輪金メダリストになりたいです」**

（野口美惠『羽生結弦 王者のメソッド』文春文庫）

欲しいものを口に出して周囲の人たちに宣言することにより、自らにプレッシャーをかけ、血の滲むような練習に駆り立てる――。羽生選手は、小さい頃から欲しいものを決め、さらにそれを口に出したから、欲しいものが手に入ったのです。これこそ、羽生選手が実践した夢の叶え方です。

お子さんに、自分にとっての最大の目標を1行で表現してノートにメモし、そのメッセージを毎朝声に出して3回読み上げることを習慣化させてください。さらに、お子さん自身がその目標を大きな紙に書いて机の前の壁に貼り、頻繁に見る習慣をつけさせましょう。

それだけでなく、「あなたはどんな才能を身につけたいの?」という言葉を、お子さんに投げかけましょう。それがお子さんの夢を実現する起爆剤になるのです。「好きで得意なことに全精力を傾ける」。これは、ある特定の才能を身につけるうえで、きわめて有効な成功方程式の一つです。

**頭の中で考えているだけでは欲しいものは決して手に入りません。お子さんが一番欲しい才能をお子さん自身に決めさせ、それを獲得するための新たな行動を起こさせることが大切です。**

一番欲しいものを強烈に意識することでお子さんの心が突き動かされ、それを獲得するための行動を起こす起爆剤になるのです。

# 目標設定は有言実行であるべき

人知れず努力するのは尊いが、
本人のやる気がいまいち高まらない場合も

# 高いレジリエンスを生み出す3つの力

羽生選手は、たとえ望んでいたような結果が出なかったり、ミスを連発したりしても、そこからの立ち直りがとても早いタイプのアスリートです。

２００９年2月、彼は初めて世界にチャレンジします。ブルガリアのソフィアで開催された世界ジュニア選手権です。このときはまだ14歳。ショートプログラムはジャンプで片手をついたことも災いして58・１８の11位で発進しました。

フリーにおいても冒頭のトリプルアクセルで転倒。結局フリーは13位、総合成績も12位で終わります。

オフシーズンに入ってから、羽生選手は不完全燃焼に終わった世界ジュニア選手権を振り返ってこう語っています。

**「練習一日一日を大切にするようになりました。1秒でも多く滑る、というよりも、一個でもジャンプを成功させるようしたい、と。だから、一回もうまく**

**ジャンプが決まらない日が一日でもあると、凄く悔しいです。そして、世界ジュニアのことを思い出します。あの試合で、僕は変わりました。強くなりたいと、心から願いました」**

（野口美恵『羽生結弦 王者のメソッド』文春文庫）

最近、心理学の世界で「レジリエンス（resilience）」という言葉が注目されています。いわゆる「復元力」のことです。

米国心理学会では、レジリエンスを「逆境やトラブル、強いストレスに直面したとき、その状況に適応できる精神力と心理的プロセス」と定義しています。

並のアスリートは逆境に見舞われたり、成績不振に陥ったりすると、あがけばあがくほど、そこからなかなか抜け出せなくなります。しかし、羽生選手のような一流のアスリートは、そこからの復元力が半端ではないのです。

**高いレジリエンスを持つ人たちは、次の3つの能力を保持しています。**

まず**「適応力」**です。ダーウィンの進化論においても、繰り返し訪れた厳しい環境の変化を生き延びたのは、強い種でも繁殖力の優れた種でもなく、環境にもっとも適応した種だったのです。羽生選手のように良くない状況への適応力が心の柔軟性を生み出し、結果的にそれがレジリエンスを生み出すのです。

二つ目の要素は、**「緩衝力」**です。これは良くない状況をしっかりと受け止める能力です。ガラスのコップを硬い金属板の上に落とせば、コップは粉々に砕けます。しかし、テニスボールを金属板に落とすと大きく弾みます。羽生選手は逆境においても心の弾力性があるから心が砕けることはなく、テニスボールのように逆境を糧にして大きく飛躍するのです。

そして三つ目の要素が**「回復力」**。羽生選手は惨めな結果に終わったとき、その日はさすがにガッカリするかもしれないのですが、翌日には見事に元通りの自分に戻って気持ちをリフレッシュさせて練習に励むことができるのです。

どんなトップアスリートにも逆境やトラブルはやってきます。もちろん、あなたのお子さんだって同じです。そんなときに頼りになるのは、強靭な精神力などではなく、復元力というしなやかな力なのです。

## レジリエンス(復元力)を高める

**レジリエンス(resilience)**

逆境やトラブル、強いストレスに直面したとき、その状況に適応できる精神力と心理的プロセス

適応力
厳しい環境の変化に適応できる能力
緩衝力
良くない状況を弾力ある心で受け止める能力
回復力
逆境やトラブルからすばやく立ち直る能力

3つの能力で逆境を乗り越える

# 5章

# プレッシャーに強くなろう！

# 羽生選手はなぜプレッシャーに強いのか？

想像を絶するプレッシャーの中、オリンピック2連覇という偉業を達成できたことからもわかるように、羽生選手がすごいメンタル・タフネスの持ち主であることは間違いありません。

それは、たとえば羽生選手の次のような言葉からもうかがえます。

**「自信があるないは重要ではない。自信なんて言ってると、試合前に急に不安になった時に何もできなくなる。ただ全力を出すと考えれば良い」**

（野口美恵『羽生結弦 王者のメソッド』文春文庫）

メンタル・タフネスとは、「自分の潜在能力を最大限発揮するために粘り強く勉強や部活動に取り組む姿勢」のことを言います。

このことに関して、私のスポーツ心理学の先生であるジム・レーヤー博士は、著書

『メンタル・タフネス　勝つためのスポーツ科学』（ＴＢＳブリタニカ）でこう語っています。


**「メンタル・タフネス・トレーニングとは、〝根性をつける〟とか、〝精神力を鍛える〟という意味ではない。誰もが潜在的に持っている精神的な強さを効率的に発揮し、自己のパフォーマンスを飛躍的に高めるためのトレーニングだ。**

**メンタル・タフネスとは、練習によって誰でも身につけることができる〝技術〟だ。だからこそ誰にでも習得可能で、練習次第でいくらでも成果はあがる」**


メンタル・タフネスは持って生まれた才能ではありません。誰でも得ることができるスキルです。これを磨くことにより、どんな逆境に見舞われても、貪欲にその中から飛躍のヒントをつかみ、さらなる成長に結びつけることができます。

あるいは、その後の成功や勝利をつかむために、失敗や負けたゲームの中から深くその原因を探り続けることも、メンタル・タフネスの重要な役割です。

レーヤー博士は、「強靭なメンタル・タフネスを獲得するには、〝自主性、自発性〟

を身につけなければならない」と主張していますが、羽生選手ほど自然体で自主性を発揮できる選手は非常に稀です。

2018年の平昌オリンピックが近づいたあるとき、羽生選手はこう語っています。

**「平昌五輪に向けて何かをやらなければならない、という感覚はないです。自分はスケートが大好きで、ジャンプが大好きなので、好きなことをするだけ。自分をもっと高みへもっていきたいです」**

（野口美惠『羽生結弦 王者のメソッド』文春文庫）

歯を食いしばって頑張るだけの鍛練は、すでに過去の遺物。「好き」や「楽しむ」という感覚で、自発的に目の前の作業に集中して取り組むことこそ、新時代のメンタル・タフネスなのです。

左ページに、「メンタル・タフネス・チェック用紙」のサンプルを挙げておきます。スポーツにおける様々なテクニックと同じく、メンタル・タフネスも誰でも身につけることができるスキルの一つなのです。

# メンタル・タフネス・チェック用紙

| | | ◀はい | | | | | | | | | いいえ▶ |
|---|---|---|---|---|---|---|---|---|---|---|---|
| ❶ | 目標への挑戦意欲が旺盛である | 10 | 9 | 8 | 7 | 6 | 5 | 4 | 3 | 2 | 1 |
| ❷ | 技術向上への意欲が旺盛である | 10 | 9 | 8 | 7 | 6 | 5 | 4 | 3 | 2 | 1 |
| ❸ | どんな困難も克服できる | 10 | 9 | 8 | 7 | 6 | 5 | 4 | 3 | 2 | 1 |
| ❹ | 勝利へのこだわりが強い | 10 | 9 | 8 | 7 | 6 | 5 | 4 | 3 | 2 | 1 |
| ❺ | 失敗することへの不安がある | 1 | 2 | 3 | 4 | 5 | 6 | 7 | 8 | 9 | 10 |
| ❻ | 緊張することへの不安がある | 1 | 2 | 3 | 4 | 5 | 6 | 7 | 8 | 9 | 10 |
| ❼ | 何事も冷静に判断できる | 10 | 9 | 8 | 7 | 6 | 5 | 4 | 3 | 2 | 1 |
| ❽ | 精神的に強靭であると思う | 10 | 9 | 8 | 7 | 6 | 5 | 4 | 3 | 2 | 1 |
| ❾ | コーチのいうことは素直に受け入れる | 10 | 9 | 8 | 7 | 6 | 5 | 4 | 3 | 2 | 1 |
| ❿ | コーチに対する適応能力に欠ける | 1 | 2 | 3 | 4 | 5 | 6 | 7 | 8 | 9 | 10 |
| ⓫ | いつも闘志が体の中に満ち溢れている | 10 | 9 | 8 | 7 | 6 | 5 | 4 | 3 | 2 | 1 |
| ⓬ | 競技に対して知的興味が旺盛である | 10 | 9 | 8 | 7 | 6 | 5 | 4 | 3 | 2 | 1 |
| ⓭ | 体の節制には常に気を配っている | 10 | 9 | 8 | 7 | 6 | 5 | 4 | 3 | 2 | 1 |
| ⓮ | 練習意欲が旺盛である | 10 | 9 | 8 | 7 | 6 | 5 | 4 | 3 | 2 | 1 |
| ⓯ | 競技にかける価値観はゆるぎない | 10 | 9 | 8 | 7 | 6 | 5 | 4 | 3 | 2 | 1 |
| ⓰ | 何事にも計画性には自信がある | 10 | 9 | 8 | 7 | 6 | 5 | 4 | 3 | 2 | 1 |
| ⓱ | 努力に対する成果に対して敏感である | 10 | 9 | 8 | 7 | 6 | 5 | 4 | 3 | 2 | 1 |

※トレーニング前は△、トレーニング後は○をつけ、それぞれ合計してください

出所：豊田一成『ビジネスマンのためのプレッシャーに強くなる豊田式メンタルトレーニング』（きこ書房）を改変

## メンタル・タフネス評価表

| | |
|---|---|
| 150点以上 | あなたのメンタル・タフネスは最高レベルです |
| 120〜149点 | あなたのメンタル・タフネスは優れています |
| 90〜119点 | あなたのメンタル・タフネスは平均レベルです |
| 60〜89点 | あなたのメンタル・タフネスは劣っています |
| 59点以下 | あなたのメンタル・タフネスは最低レベルです |

## 「負けず嫌い」は「才能」に勝る

羽生選手のような一流アスリートの共通点、それは強烈な「負けず嫌い」であること。つまり、彼らと、ほかの並のアスリートとを隔てているのは、負けた悔しさをエネルギーに変えて飛躍する術を身につけているかどうかなのです。

羽生選手は、２００９年11月に横浜で開催された全日本ジュニア選手権で優勝し、12月にはジュニアグランプリファイナルの王者に輝きます。そして２０１０年3月オランダのハーグで開催された世界ジュニア選手権でも見事に優勝を遂げました。

さらに同じ年の10月、羽生選手はモスクワで開催されたロシア杯に出場し、シニアデビューを果たします。結果は7位。ジュニア時代はほぼ無敵で向かうところ敵なしだった羽生選手でしたが、あらためてシニアのレベルの高さを思い知らされた大会になりました。大会を振り返って、羽生選手はこう語っています。

**「もーう、悔しい。悔しい！　練習したい！　スケーティングをしたい！　ジ**

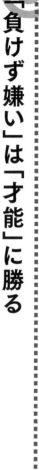

**ャンプを跳びたい！　フリーを死ぬほど滑りたい！　もう僕、エキシビション は見なくていいです。早く日本に帰って、今すぐ練習します」**

（羽生結弦『蒼い炎』扶桑社）

子どもの才能は、厳しい環境で揉まれることによって初めて開花するのです。失敗や負けを恐れて安易な環境で過ごしていては、お子さんの潜在能力は眠ったままになってしまいます。結果、貴重な時間の無駄遣いになるのです。

「一流のアスリートは才能に恵まれていたから大成した」という考え方は半分正解ですが、半分間違っています。

たしかに、その分野の才能がなかったら、到底一流にはなり得ません。しかし、才能だけで一流になれるほどこの世の中は甘くないのです。厳しい環境に放り出されて、そこで失敗や負けを繰り返し味わって悔しい思いをしたから、彼らは頂点に上り詰めることができたのです。

スウェーデンのストックホルム大学の心理学者ペトラ・リンドフォース博士は、男性40名と女性50名を被験者として調査し、レジリエンス（復元力）の高い人たちの共通点を見出しました。それは以下の通りです。

- **自分のすべてを受け入れている**
- **他人と肯定的な関係を構築している**
- **自分自身の成長を目指している**
- **人生の目的を持っている**
- **自己コントロール（能力）が高い**
- **自分を取り巻く環境をうまくコントロールできる**

私は、これらにもう一つ、「人一倍負けず嫌いである」という項目を加えたいと思います。もちろん羽生選手は、以上すべての要素を兼ね備えた人間であることは言うまでもありません。

レジリエンス能力は、周囲の人たちに左右されずに自分の軸を持って、なりたい自分に近づく努力をすることで、おのずと育っていくものと私は考えています。そこでは、要所要所における親のサポートがぜひとも必要なのです。

## 「負けず嫌い」が復元力を育てる

### "レジリエンス(復元力)"の高い人たちの共通点

- 自分のすべてを受け入れている
- 他人と肯定的な関係を構築している
- 自分自身の成長を目指している
- 人生の目的を持っている
- 自己コントロール(能力)が高い
- 自分を取り巻く環境をうまくコントロールできる

＋

- 人一倍負けず嫌いである

# プレッシャーに負けない子どもに育てる方法

プレッシャーはスポーツ心理学の最大のテーマの一つです。そもそもプレッシャーとは何者でしょう?

**プレッシャーとは、専門的には「ある状況において、不安や恐怖に駆られて心身が本来の機能を失うこと」と定義できます。**

残念ながら、一般のアスリートは、プレッシャーについて間違った捉え方をしています。プレッシャーを「悪者」と考えて、それを取り除こうとするのです。

一方、一流のアスリートは、「プレッシャーは集中力や注意力が高まっている好ましい心理状態」と捉えることができます。この違いが両者のパフォーマンスを大きく隔てているのです。

あるとき、羽生選手はこう語っています。

**「僕の性格ってだらしないし、すぐに慌てるし、ゴーイングマイウェイなB型。だから『頑張ってね』と言われると嬉しくなって、よっしゃ頑張るって思うんです。皆に褒められたい。期待に応えなきゃ、じゃなくて、絶対に期待に応えてやると。**

**プレッシャーに勝つとか負けるとかじゃなくて、プレッシャーを感じすぎない自分の脳の中で、プラス思考に変換してきたんです。プレッシャーに押しつぶされたことはもちろん何度もあるけれど、いくらでもプレッシャーを背負って、それをやる気につなげていければ良いはずなんですね」**

（野口美恵『羽生結弦 王者のメソッド』文春文庫）

プレッシャーに対する見事な解釈がこの言葉からうかがえます。実際、プレッシャーなんて人間の心が勝手につくり出した実体のないもの。プレッシャーを敵に回すか、それともプレッシャーを味方につけてすごいパフォーマンスを発揮するか。この違いは私たちが考えている以上に大きいのです。

**お子さんには、プレッシャーは集中力や注意力が高まっているときの生理的変化にすぎず、決して悪くない状況であることをしっかりと伝えてください。**

プレッシャー耐性のあるお子さんに育てるには、プレッシャーのかかる現場に放り出して、できるだけ多くプレッシャーのかかる状況を経験させること。

少々荒っぽいと思われるかもしれませんが、結局、この方法しかありません。私はこれを「プレッシャーに慣れる訓練」と呼んでいます。

理屈抜きに、プレッシャーのかかる修羅場をくぐらせて、プレッシャーそのものに慣れさせましょう。回を重ねるごとに目に見えてお子さんのプレッシャー耐性が増し、それがやがてすごいパフォーマンスを発揮することにつながるのです。

## プレッシャーは悪者ではない

プレッシャーを味方につけ
すごいパフォーマンスを発揮する

## 一流アスリートもやっている「自己暗示」の力

スポーツ心理学において、イメージトレーニングと対比されるのが、自己暗示トレーニングです。

イメージトレーニングが画像を介して行う右脳トレーニングなら、自己暗示トレーニングは言葉や数字を介して行う左脳トレーニングといえます。

羽生選手は2011年11月に開催されたグランプリシリーズでは、中国杯で4位に終わりました。ここで動揺して、弱気になってしまうのが並の選手ですが、彼は違っていました。

2週間後にロシアで開催されるロシア杯に向けて、羽生選手は次のように意気込みを語っています。

**「絶対に、絶対にロシア杯は勝ちに行きます。そのためにやるべきことを、僕はすべてやります」**

（野口美惠『羽生結弦 王者のメソッド』文春文庫）

実際、彼は、ロシア杯でグランプリシリーズ初優勝を果たし、グランプリファイナル進出を決めたのです。

ロシア杯までの2週間、羽生選手は、「精神的に弱かった『中国杯での自分』に勝つんだ。誰かに勝つんじゃない。あの日の自分よりも強くなってやる」と繰り返し自分に言い聞かせながら厳しい練習に打ち込んだといいます。

スポーツ心理学の教科書では、好ましいメッセージやイメージを口に出して唱えたり、書き出したりして、出力することの大切さが強調されています。

自分の願望を言葉で発することにより、自己肯定感が高まり、すごい潜在能力が引き出せることを羽生選手は知っているのです。「絶対に、絶対に勝つ！」。羽生選手は自己暗示の天才です。

彼は、子どもの頃から母親に、「オリンピックに2回出て、2回とも金メダルをとる！」と、いつも言っていたそうです。

ただ淡い夢を実現するためのメッセージを唱えたり、絶好調のシーンを脳裏にイメージとして刻むだけでは、そのときだけの楽しい作業で終わってしまいます。それでは、ただの気晴らしにすぎず、到底夢や目標を実現することなんかできません。

お子さんには、ただの淡い夢ではなく、たとえば、「あさっての算数のテストで絶対90点以上とる！」といった具体的なメッセージを出力する習慣を身につけさせてください。

不安や恐怖を持ちながら、これらのメッセージを100回唱えるよりも500回、500回唱えるよりも1000回唱えることにより、心の中に自己肯定感が満ち溢れ、少々の困難に直面しても集中力を維持し、ベストパフォーマンスを発揮できる子どもに変身できるのです。

**不安や恐怖を精一杯感じながら、勝利を言葉で宣言する。羽生選手はこの作業をキャリアを通して実践したから一流のアスリートの仲間入りができたのです。**

不安や恐怖が心の中に湧き上がってきたとき、ポジティブなメッセージを自分に唱えてその状況を克服することに全力を尽くす――。スポーツの世界でのし上がっていくには、ぜひ身につけたい習慣の一つです。

# 自己暗示が潜在能力を引き出す

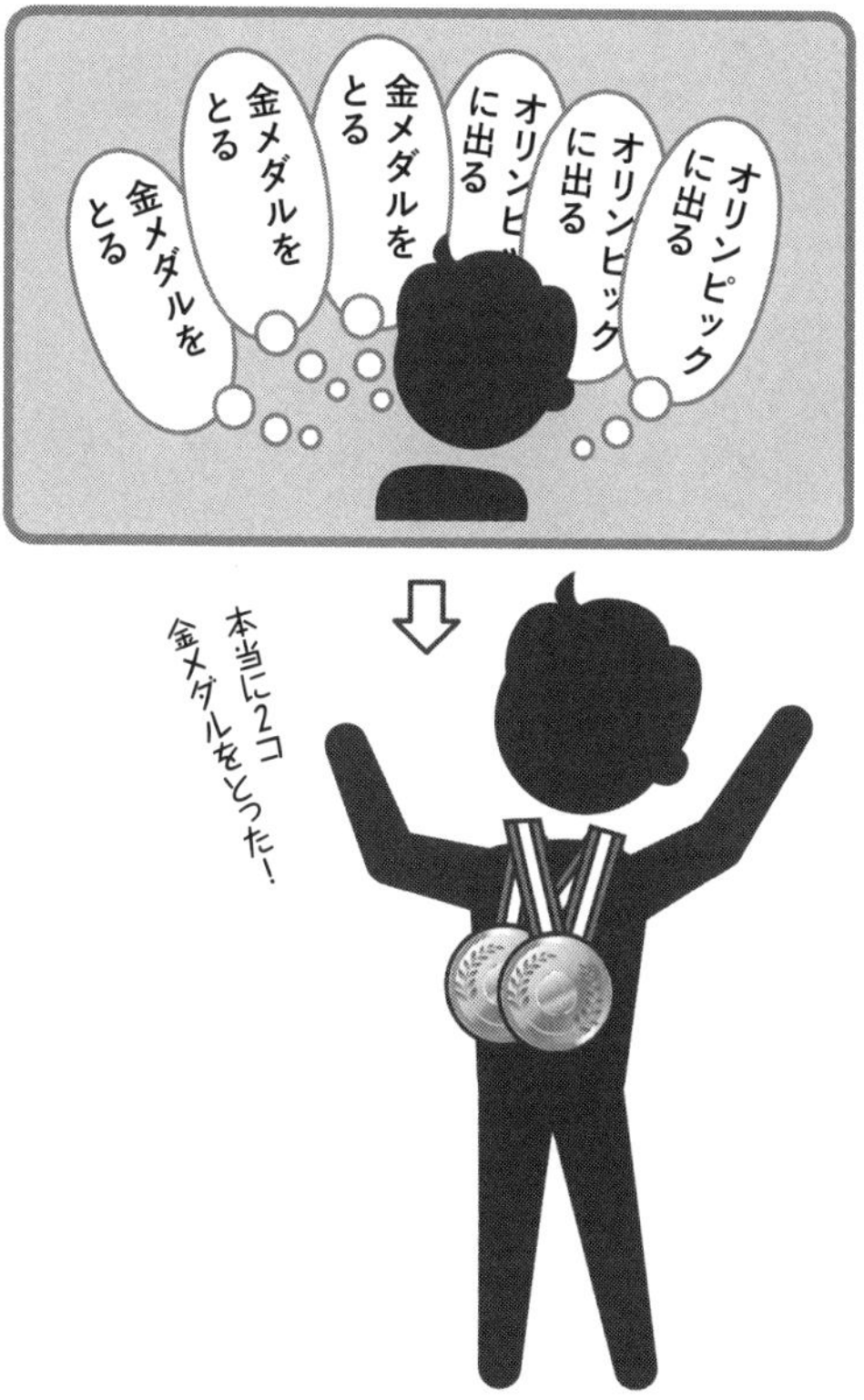


**100回より500回、500回より1000回のポジティブなメッセージで自己肯定感をUP！**

## 「戦うチームの一員」としての親の役割

子育てに関する様々なアンケート結果を見てみると、テストや部活動で、子どもがいくら良い成績を挙げても、褒めることもしなければ一緒に喜んでもやれない親が多いようです。

これでは、せっかくの子どもが伸びる芽を摘んでしまうことになります。子どもの潜在能力を遺憾なく引き出すには、とにかく親は子どもを褒め、期待していることを伝えることが大事です。

**少々オーバーでもよいから、「すごい！　よく頑張ったね！」「一気に上達したね！」と言葉をかけてあげてください。**

言うまでもなく、親はお子さんの最大の応援団です。親という字は、「木の上に立って見る」と書きます。近づきすぎず、かといって離れすぎず、常にお子さんをちょっと遠いところから見守ってあげる姿勢が親に求められるのです。
２０１２年、羽生選手は母親の由美さんと一緒に生活拠点をカナダのトロントに移しました。このことに関して、羽生選手はこう語っています。

**「母親の立場でスケートを観るのって、すごく緊張すると思うんです。（中略）出ているほうは、試合でやることがある程度決まっているわけなので、緊張より集中のほうが強くなるんです。でも、応援している側の緊張感というのは、胃が痛くなるくらいだと思います。祈るような気持ちで見守ってくれる。それがわかるから、母も僕と一緒に戦ってくれているんだなと感じます」**

（マイレピ、２０１７年11月１日）

自分を献身的に支えてくれている母親の期待に応えたい――。そんな羽生選手の思いが、さらにすごいパフォーマンスの原動力になっているのです。
そもそも羽生選手は、自分一人で氷上で戦っているのではなく、チームとして戦っているという思いがとても強いのです。そのことは、次のような言葉からもうかがえます。

**「フィギュアスケートというスポーツは、氷上でひとりでするものですが、大きな試合になればなるほど、ひとりの選手をサポートするメンバーが大勢います。氷上に辿り着くまでに体を作ってくれる人がいて、教えてくれるコーチがいて、チームの関係者の方たちがいる。**

**そして、生活全般から試合にいたるまでのすべてを支えてくれる母がいて、会場でエールを送ってくれる観客の皆さんがいる。そのすべての人たちが同じ方向に向かって僕と一緒に戦ってくれている。チームで戦っているという感覚があるんです」**

（マイレピ、2017年3月6日）

カリフォルニア大学の心理学者D・K・サイモントン博士は、2000名以上の著名な発明家や科学者について調べた結果、〝孤立した天才〟はほとんどいなかったと報告しています。

彼らにはよき指導教官や知人、友達、ライバルがいて、励まされたり触発されたりしたことにより、偉大な業績を残すことができたと結論づけています。

特に子どもが小さいうちは、戦うチームの一員としての親の役割は重要です。羽生選手の場合、自分のためではなく、母親のため、自分をサポートしてくれている周囲の人たちを感動させるために頑張ったからこそ世界のトップに立てたのだと、私は思います。

## 親は子どもの最大の応援団!

**親 = 立 + 木 + 見**

親という字は「木の上に立って見る」と書く

常に子どもをちょっと遠いところから
見守るのが親の役目

# 寝る前5分のイメージトレーニング

イメージトレーニングは、スポーツの現場においてもっともポピュラーなトレーニング法の一つです。脳裏に自分のプレーのシーンを描くだけで、実際の練習と同じ効果があることがスポーツ心理学の数多くの実験で証明されています。

イメージトレーニングは当初、半世紀以上も前に旧ソビエト（現ロシア）の宇宙飛行士のために開発されました。ロケットが発射されたあと、緊急事態が発生したことを想定して、それを回避するための地上訓練として行われたのです。

それがスポーツにも応用され、特に危険を伴うスポーツを中心に普及が進みました。その結果、オリンピックにおいても、旧ソビエトや東ヨーロッパの共産圏諸国のメダルの量産に大いに貢献しました。

フィギュアスケートのような完璧な演技を目指す競技種目においても、イメージトレーニングは最重要のトレーニングの一つといえるでしょう。

2014年ソチオリンピックへ向かう飛行機の中でのエピソードを、羽生選手は次のように語っています。

**「目をつぶると（4回転）サルコウとトウループのことしか頭にありませんでした。そのまま寝たので、ジャンプを跳ぶ同じシーンが永遠に繰り返されて、全部跳べていました。機内で身体を休ませながら、やるべきことをやったという感覚です」**

（Number Web、2014年2月6日）

たぶん羽生選手の脳裏では、これまで何百回、何千回と、理想の演技のシーンが繰り返し再生されているはずです。動きそのものだけでなく、温度感覚や自分の感情も取り込めば、そのイメージはますますリアルになっていきます。

**イメージトレーニングはスポーツだけに留まりません。勉強はもとより、仕事、家事といった日常における様々な作業において、それらの向上や効率化に貢献してくれます。**

特に過去の成功体験と結びつけることにより、それが実際に再現される確率は間違いなく高まるのです。羽生選手は、オリンピックの一番高い表彰台で金メダルを受け取るシーンを脳裏で繰り返し描いたから現実にそれが起こったのだ、と私は本気で考えています。

イメージトレーニングには道具もいりませんし、場所も選びません。通学の電車やバスの中、あるいは就寝前のベッドの中など、いつでもどこでも簡単にできるトレーニングです。

実際に身体を動かすだけではなく、視聴覚をめいっぱい動員して、できるだけリアルに思い描くことは、あらゆる能力の向上に役立ちます。

イメージトレーニングを日常生活の中に積極的に取り入れることにより、お子さんのスポーツの上達や学習能力の向上に大きな成果を挙げてくれるはずです。

## 簡単にできて、効果は抜群のイメージトレーニング！

イメージトレーニングは、
道具もいらず、場所も選ばず、いつでもできる

# 親子で決めたいスマホのルール

前にも少し触れましたが、あらゆる年代において、日常生活の中で多くの時間を費やしている作業にスマホの利用があります。

内閣府が発表した2018年度の「青少年のインターネット利用環境実態調査」によると、小学生の35・9%が専用のスマホを所有しており、スマホやタブレットなどを使っての平日のインターネット利用時間は、平均で118・2分となっています。

**つまり、小学生は1日におよそ2時間、スマホなどでインターネットを見るのに費やしているわけです。同じく、中学生の利用時間は163・9分、高校生は217・2分で、全体に年々増加傾向にあります。**

10代の頃の羽生選手は、ご両親の方針で携帯電話を持っていなかったというのは、よく知られています。このことについて、羽生選手はこう語っています。

**「いや僕、携帯持ってないんでメールとかこないいんです（中略）家庭の事情で（笑）。でもスケートと関係ないし、集中力を高めるためにも今の方がいい」**

（『デイリースポーツ』２０１２年11月26日）

私たちには1日24時間しか与えられていません。これは羽生選手だって例外ではありません。彼は自分に与えられた限られた時間を、スケートというテーマにたっぷり注ぎ込んだから、この分野で超一流の仲間入りができたのです。

ぜひお子さんと話し合って、スマホに触れない時間を確保するようにしてあげてください。机に向かっているときでも、そばにスマホを置いて、勉強しながらスマホの画面も見ているというお子さんが多いと思いますが、たとえば、勉強する毎日2時間だけはご両親がスマホを預かる。そういう約束をしていただきたいのです。

以下のことを家族の約束として遵守してください。

**・勉強するときにはスマホをそばに置かない**

- **食事するときにはテレビを消す**
- **読書するときには居間ではなく自分の部屋で行う**

何事も一つのことに集中して初めて身につくのです。それは時間との戦いでもあります。私たちには1日24時間しか与えられていないこと、時間という限られた資源がいかに大切であるかを、お子さんに理解させてください。

**同じ1時間でもスマホを見ながら勉強する1時間と、集中して勉強する1時間では、その成果はまったく違ったものになります。**

一つのことに集中するために、それ以外のことはシャットアウトする。羽生選手がスケートに集中するために、携帯をシャットアウトしたように。それを家族間の約束としてお子さんが遵守できれば、見違えるほど勉強やスポーツの練習の効率がアップし、あなたは想像以上の大きな成果に驚くことでしょう。

## 子どもに守らせたい3つの約束

- 勉強するときには
  スマホをそばに置かない
- 食事するときには
  テレビを消す
- 読書するときには
  居間ではなく自分の部屋で行う

# 6章

# やり抜く力を身につけよう!

## 「夢」を語るときは断定し、主語を入れる

夢を口癖にしてしまうことは、それを実現するうえでとても重要な習慣です。カナダのトロントに練習の拠点を移したときに、羽生選手はこう語っています。

**「僕、ソチ五輪で金メダルを獲ります。そして（18年）平昌五輪でも金を獲ります」**

（野口美惠『羽生結弦 王者のメソッド』文春文庫）

このメッセージにはいくつもの好ましい要素が盛り込まれています。

まず、夢は断定口調で表現すること。「〜したい」という願望では弱すぎるのです。「〜する」という断定口調であるべきです。メッセージを「〜する」という断定口調にすることにより、自信と自己肯定感が心の中にみなぎり、実現するための行動計画の実行力がつくだけでなく、確信が生まれてきます。

次に、メッセージには必ず「私」「僕」という主語を挿入すること。自分というメ

ッセージの主体を明確にすることにより、さらにモチベーションが高まるのです。
同時に、メッセージにイメージをプラスするようにしましょう。羽生選手が、オリンピックの一番高い表彰台で金メダルを首にかけてもらうシーンを何度も脳裏に描いていたように。メッセージで表現した目標にさらに近づくには、夢が実現したシーンをできるだけリアルに繰り返し描く習慣を身につけることです。

**ジョージ・ワシントン大学の神経科学分野の権威リチャード・レスタック博士は、「脳の前頭葉は未来を記憶することができる」と主張しています。**

脳の「未来を記憶する」能力とは、遠い将来の自分の姿を想像できる、という人間の脳に固有の能力を意味します。博士は、「未来の成功を脳にリアルに記憶として保存している人は、行動パターンに紆余曲折はあるものの、最終的には描いた未来にたどり着ける」と述べています。
人間の脳は、将来のあるべき自分の姿を心の中に留めておくことができるので、夢を実現したハッピーな自分を思い描いて、今の厳しい練習を乗りきることができる、というわけです。

ただ漠然と「海外旅行に行きたい」と思っているだけでは、いつまでたっても日本から一歩も出ることはできないでしょう。ハワイならハワイ、ロンドンならロンドンと具体的な目的地を決めないことには何も始まりません。

いくら一日中「海外旅行に行きたい！」と強く願い続けても、目的地、つまり実現したい夢のゴールが脳裏に描かれていない人は、その夢にたどり着くことはほとんど不可能です。

お子さんには、目的に向かっての「努力」を始める前に、たどり着きたい夢を言葉で素直に表現するだけでなく、リアルに夢の画像を描くことの大切さを教えてあげてください。

あとは夢に向かって「正しい努力」をするだけ。旅行にたとえるなら、目的地までの航空券を手配したり、ホテルを予約したり、といった具体的な過程を一つ一つクリアしていけばいいのです。それだけで、壮大な夢をグッと近くに引き寄せることができるのです。

# 夢を語るときは断言する。主語は〝私〟〝僕〟

夢が実現したシーンをできるだけリアルに
繰り返し思い描く習慣を身につける

# 人と比較しない。自己ベストを目指そう

2013〜14年シーズン、羽生選手は福岡市で開催されたグランプリファイナルでショートプログラムの歴代最高得点を更新、フリーでも自己ベストを大幅に更新し、総合1位で初優勝を果たします。続く全日本選手権では2連覇を達成し、オリンピック代表に初選出されました。

そして、2014年、ロシアで開かれたソチオリンピックでは、フィギュアスケート男子シングルの種目において、アジア人初となる金メダルを獲得します。

ソチオリンピック前の記者会見で、羽生選手はこう語っています。

**「僕は僕でしかない。羽生結弦以上でも以下でもない。ありのままの自分でしっかり五輪でやるだけです」**

（野口美恵『羽生結弦 王者のメソッド』文春文庫）

それまでの羽生選手は「勝ちたい」というフレーズが口癖になるほど、この言葉を

頻繁に発していました。
しかし、フィギュアスケートのようなパフォーマンスを得点化して競う競技種目では、ライバルと直接対戦して打ち負かすことは不可能です。これはテニスやボクシング、柔道のような対戦型の競技種目と根本的に違う点です。
ソチオリンピックのあと、羽生選手はこんなことを語っています。

**「これまで自分でもいろいろ考えてきたんですけれど、その中の一つに『オリンピック2連覇』というようなことはありました。小さい頃から、『ただの金だけじゃおもしろくない』と考えていたと思います。小さいときから人生設計を立てるのが好きで、『19歳で一つ金メダルをとって、23歳でもう一つとる』みたいなことはすごく考えていました」**

（羽生結弦『夢を生きる』中央公論新社）

ソチオリンピックにおいて、19歳で見事に金メダルを獲得したあとも、羽生選手はそれに満足することなく、次の目標に向かって厳しい練習を自らに課すことを忘れませんでした。

「僕は僕でしかない」「ありのままの自分で戦う」というスタンスで、意識をライバルとの比較、対決から、自身のパフォーマンスに向けることにより、羽生選手は〝ひと皮剝けた〟のです。

他人との比較をやめて、自己ベストを目指すことに全力を注ぐ——。このように発想を転換することにより、パフォーマンスの向上を果たした多くのアスリートを私は見てきました。

ライバルを打ち負かすという意識をいったん捨て去ることの大切さを、お子さんに説いていただきたいと思います。

ライバルと競い合うこともちろん大切ですが、「ありのままの自分」を肯定し、磨き上げることで、結果的に世界の頂点に上り詰めることができることを羽生選手が証明してくれているのです。

# ありのままの自分を磨き上げる

ライバルとの比較・対決

自身のパフォーマンスの向上

**他人との比較をやめて**
**自己ベストを目指すことに全力をそそぐ**

## 「たくさんの壁をつくってくれてありがとう」の精神で

2014年11月、羽生選手にアクシデントが起こります。初戦となった上海開催の中国杯での練習時の事故です。ショートプログラムを2位でスタートした羽生選手でしたが、翌日のフリースケーティング前の6分間練習で、中国の選手と衝突したのです。

日本スケート連盟は国際試合に医師を帯同させていなかったため、現場で米国の医師の応急処置を受け、頭部と顎《あご》にテーピングと包帯をしたまま演技に臨みました。このような状態であったにもかかわらず、羽生選手はフリーの演技で見事に最後まで滑りきり、銀メダルを獲得します。

演技終了後に顎を7針、頭を3針縫い、表彰式とエキシビションには出演せず翌日帰国。この後遺症が災いしたのか、3週間後のNHK杯は4位の惨敗でした。

しかし、12月の全日本選手権では腹痛に悩まされながらも優勝。ところが、喜んだのも束の間、試合後、医師から尿膜管遺残症と診断され、手術を受けることになったのです。

目まぐるしく起こったこれら一連の出来事を振り返りながら、羽生選手はこう語っています。

**「たくさん乗り越える壁を作っていただいて、こんなに楽しいことは無い。自分が弱いということは強くなれる可能性があるということ。この壁を乗り越えた先にある風景は絶対に良いものだと思っています」**

（『Number』870号、文藝春秋）

壁が目の前に立ちはだかったとき、「それを乗り越えてやる！」と、一層モチベーションを上げて努力を積み重ねることができるのが一流の人間。壁を前に恐怖を感じ、そこから逃げることだけを考えるのが並の人間です。もちろん、羽生選手は前者です。羽生選手にとって、「壁」は大歓迎なのです。

羽生選手はこうも語っています。

**「壁を乗り越えたけれど、その先には壁が見えました。壁の先には壁しかありませんでした。でも人間とは欲深いものだから、課題ができたら越えようとする。僕は人一倍欲張りだから、何度でも越えようとする」**

（『Number』870号、文藝春秋）

ニュージーランドのオークランド大学のA・K・ボッギャーノ博士は、小学生137名を対象に、どんなタイプの子どもが成績を向上させたかについて追跡調査を行いました。その結果、失敗を繰り返しても前に進んでいく生徒が、そうでない生徒よりも明らかに成績を向上させていたのです。

何度やっても失敗する、努力しても一向に上達しない、こんなときこそ、あなたのお子さんが成長し、進化するチャンスです。

目の前に壁が立ちはだかったときには、羽生選手が発した「たくさん乗り越える壁を作っていただいて、こんなに楽しいことは無い」という言葉を思い出してほしいと思います。

# 乗り越える壁は多いほど楽しい

いくつもの壁を乗り越えた先にある
最高の風景が見たい

# 困難にあったときに不可欠な「やり抜く力」

いま心理学で注目されている言葉に「グリット（grit）」があります。「粘り強くやり抜く力」「困難にあってもくじけない闘志」といった意味です。

器用なアスリートは、それほど努力することなく何事も簡単に習得してしまうため、壁に直面した際に辛い練習をすることを避ける傾向があります。

一方、不器用なアスリートは、ある技能を身につけるためには多くの修練が必要であることを、これまでの人生を通して嫌というほど経験しているため、成果がなかなか挙がらないときでも、当面する課題を最後まで黙々と「やり抜く」ことができるのです。

たしかに、羽生選手は、もって生まれたフィギュアスケートの才能に満ち溢れた人間であることは誰もが認めています。

しかし、彼に「やり抜く力」がなければ、オリンピック2連覇という偉業は、到底成し遂げられなかったはずです。

『一流の育て方』（ダイヤモンド社）を著したムーギー・キム氏は、同書の中でこう語っています。

**「多くのアンケートの回答や私自身の育児経験の反省点を振り返って確信することですが、子どもの『最後までやり抜く』モチベーションを高めるには、『子どもの意思で挑戦させる』ことです。考えもなくさまざまなことをやらせても、長続きしないものです。下手な鉄砲はいくら数を打っても当たらないものなのです」**

キーワードは「自主的」「挑戦」「最後までやり抜く」です。

なかでも、「最後までやり抜く」力は、壁に直面した際に、一流と並の人間を隔てる最大の要因の一つであると私は考えています。

２０１７年10月にモスクワで開催されたグランプリシリーズのロシア杯を終えて、羽生選手はこう語っています。

**「今季の練習の質はこれまでとはまったく違うし、ここまで積み上げてきたも**

**のの重さが全然違うんだなと思います。**

**練習にしても私生活にしても、すべてをスケートに使いきるにはどうしたらいいかとずっと考えて過ごしてきています。もちろん、結果が出なくてすごく苦しかったりすることもありますが、積み上げてきたものは、間違いなく積み上がっているんだなという感覚があります」**

（羽生結弦『夢を生きる』中央公論新社）


才能の有無や器用不器用に関係なく、「やり抜く力」は、あなたのお子さんがワンステップ上に進化するために不可欠の要素です。その際、親として、子どもが自主的に目の前の課題に没頭できる工夫をしてあげることが大切です。

もし期待した結果が出なくても、「自分は最後までやり抜いた」という達成感・満足感は、自己肯定感をかさ上げし、次のチャレンジに向けての貴重なエネルギー源になってくれるはずです。

# 自分の意思で挑戦し、最後までやり抜く

グリット
grit
「粘り強くやり抜く力」
「困難にあっても
くじけない闘志」

グリットは才能の有無に関係なく
ステップアップに不可欠な要素

## 羽生選手も大谷選手も、みんなメモ魔だった

一流のアスリートたちは、みなメモをとることに熱心です。羽生選手はもちろん、第1部で紹介した大谷選手もメモ魔です。その時々の自分の思いや感じたことを形に残さないと、それらは記憶のかなたに消え去るリスクがあります。それが再び脳から出力される保証はまったくありません。

ソチオリンピックで金メダルを獲得した翌日の朝日新聞で、羽生選手の「発明ノート」が紹介されています。

**「毎日のように、練習で気になったことや思いついたことを殴り書きする。スピード、タイミング、感覚……。自分が試してみて良かったことと悪かったこと、疑問点などが記されている。**

**(中略)『発明ノート』は就寝前、布団に入ってイメージトレーニングをしている最中にひらめき、起き上がって書くこともある。『眠い、と思いながら机に向かって、**

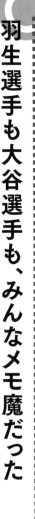

**ガーッと書いて、パタッと寝る。見せられるほど奇麗な字では書いてないです』と羽生。**翌日リンクに立った時、ひらめきを試し、その成果をまた書き込む。（中略）上手な人のジャンプを研究した。助走の軌道は？　跳び上がるベクトルは？　ばらばらにしたパーツを組み合わせては試した。中学や高校の成績はオール5。中でも、数学や力学は好きな分野だ。**『ジャンプを科学しているわけではないですが、理論的に感覚と常識的なことを合わせて、スピードの関係、タイミングをノートに書いた』**

（『朝日新聞』２０１４年2月16日）

羽生選手は技術面のことがらについてもメモをする習慣を身につけています。自分のスケーティングのどこが優れていてどこが劣っているか、自分の得点と照らし合わせて納得できた箇所には赤い丸をつけ、納得できなかった箇所には青の印をつけるのです。

外出するときも、羽生選手は肌身離さずこのメモを持ち歩いているといいます。気づいたことをマメに記入するだけでなく、彼はそれを頻繁に見返す習慣を身につけています。

2013年のグランプリファイナルで当時のショートプログラムの世界最高得点を更新したあとの記者インタビューにおいて、羽生選手はこう語っています。

**「極秘メモがあるんですよ。頭の中に。自分がどういう気持ちのときにどんな演技になるか、どんなミスをするのか、しっかり書き出してある」**

（『Number』846号、文藝春秋）

大谷選手の出身校である花巻東高校の先輩で、現在シアトル・マリナーズで活躍中の菊池雄星投手も、中学生のときからノートにメモをとっていました。マリナーズに移籍する2年前からは、メジャーに行くための準備として、日々、「感謝ノート」に書き付けていたのです。

そのノートでは、一番上に「メジャーまでの日数」と「日付け」の記入欄があり、その下に「今日の感謝」「メジャーに近づけた1日だったか？」「今日をもう一度やり直せるとしたら、何をするか？　何をしないか？」という3つの項目について書き込めるようになっていました。

186ページに菊池投手の「感謝ノート」をアレンジしたものを掲載しておきます。これを参考に、お子さんの夢を実現するための専用ノートを作成することをぜひおすすめします。スポーツや勉学、いろんな習い事のスキル向上に、間違いなく役立ってくれるはずです。

## 感謝ノート

20　　年　　月　　日

目標

目標まで　　　　日

■ 今日の感謝

■ 目標に近づけた1日だったか？

■ 今日をもう一度やり直せるなら、何をする？

今日の満足度 [　　] 点（100点満点）

出所：菊池投手の「感謝ノート」を改変

# 最高の状態「ゾーン」はこうして呼び込む

パフォーマンスに集中・没頭しているときの心理状態を、スポーツの世界では、「ゾーン」と呼んでいます。多くのアスリートが「ゾーン」を体験しています。

羽生選手が「ゾーン」に入ったと思われるパフォーマンスの一つは、2015～16年シーズンのNHK杯でしょう。この大会で羽生選手は、ショートプログラムに4回転サルコウと4回転トゥループの4回転2本という最高難度の構成に急遽変更します。

そして、羽生選手は完璧の演技で、2014年のソチオリンピックで自身が記録した世界最高得点を更新する106・33点をマーク。そして、翌日のフリーでは、演技後半の4回転―3回転コンビネーションを含むすべてのジャンプを成功させます。

技術点は、出来栄え評価で23・08点もの加点を獲得し、さらに演技点の「音楽の解釈」の項目では、ジャッジ9人中6人が10点満点をつける9・89点という圧倒的な演技で「安倍晴明」を演じきり、史上初の200点台となる216・07点を記録。

トータルスコアでも、史上初の300点台となる322・40点を記録し、カナダのパトリック・チャンの持つ当時の世界歴代最高得点295・27点を大幅に塗り替えるスコアで優勝を果たしたのです。

完璧なフリーの演技を終えたあと、羽生選手はこう語っています。

**「不安は全然ありませんでした。このショートの『バラード第一番』はノーミス出来なくて苦しい時期がありましたが、『なかなかノーミスさせてくれないな』という楽しさがありました。そして実際に達成できた。とにかくこのプログラムを滑るのが楽しいです」**

（野口美恵『羽生結弦 王者のメソッド』文春文庫）

著名な心理学者チャールズ・ガーフィールド博士は、数多くの一流アスリートのアンケートから、「ゾーン」が訪れたときの感覚として、以下の8つを挙げています。

・**精神的にリラックスしている**
・**身体的にリラックスしている**
・**自信があり、楽観的である**

**・現在に集中している**
**・やる気に満ち溢れている**
**・高い認識力を有している**
**・すべてをコントロールしている**
**・心地よい環境下にある**

190ページに、「ゾーンチェック用紙」のサンプルを示します。

「ゾーン」を自分でコントロールすることはほとんど不可能です。しかし、これをときどきチェックして、その感覚を自覚する習慣を身につけておくと、あなたのお子さんに「ゾーン」が訪れる確率は着実に高まるのです。

# ゾーンチェック用紙

| カテゴリー | 0 | 1 | 2 | 3 | 4 | 5 | 6 | 7 | 8 | 9 | 10 |
|---|---|---|---|---|---|---|---|---|---|---|---|
| ❶ 精神的にリラックスしている | | | | | | | | | | | |
| ❷ 身体的にリラックスしている | | | | | | | | | | | |
| ❸ 自信がある／楽観的である | | | | | | | | | | | |
| ❹ 現在に集中している | | | | | | | | | | | |
| ❺ 高いエネルギーを出している | | | | | | | | | | | |
| ❻ 非常に高い認識力 | | | | | | | | | | | |
| ❼ コントロールしている | | | | | | | | | | | |
| ❽ 繭の中にいる | | | | | | | | | | | |

出典：チャールズ・ガーフィールド『ピーク・パフォーマンス』ベースボール・マガジン社

## ゾーン評価表

| | |
|---|---|
| 65点以上 | あなたのパフォーマンスは最高レベルです |
| 50～64点 | あなたのパフォーマンスは優れています |
| 35～49点 | あなたのパフォーマンスは平均レベルです |
| 20～34点 | あなたのパフォーマンスは劣っています |
| 19点以下 | あなたのパフォーマンスは最低レベルです |

## 「才能」ではなく「努力」を褒める

羽生選手の活躍で忘れてはならないのが、カナダ人コーチのブライアン・オーサーの存在です。羽生選手は2012年からカナダのトロントにあるトロント・クリケット・スケーティング&カーリング・クラブでオーサーコーチの指導を仰いでいます。オーサーコーチ自身もサラエボとカルガリーの冬季オリンピック男子シングルで銀メダルを獲得した一流のスケーターです。彼は世界で初めてオリンピックでトリプルアクセルを跳んだ選手としても知られています。

トロントに移って1年後に羽生選手はこう語っています。

**「(オーサーコーチは)試合に対するペースメイクがすごく上手い。6分間練習とか公式練習とかで自分のことをすごくコントロールしてくれます。今まで結構無茶してしまうタイプだったのですが、それをコントロールしながら、練習中でもエレメンツを練習する回数を決めたりしてくれるので、身体**

**のためにもなっているし、練習効率も上がっていると感じています」**

（羽生結弦『蒼い炎Ⅱ』扶桑社）

オーサーコーチは決して否定的な言葉を吐きません。羽生選手の自己肯定感と自信を高める言葉を選んで語りかけるスキルを身につけています。オーサーコーチの口癖は、「ユヅルを尊敬する。誇りに思う」です。

2016年3月の世界選手権で同門のハビエル・フェルナンデス（スペイン）に逆転され2位になったあと、チーム・オーサーについて、羽生選手はこうコメントしています。

**「チームにはいつも感謝の気持ちでいっぱいです。今回の世界選手権で何より嬉しかったのは、フリーでけっこうボロったわけですが、チームの人たちが親身になって慰めてくださった。あれだけ親身になってくれるのは、なかなかないと思いました。このチームに僕はついていけると思いました」**

（羽生結弦『夢を生きる』中央公論新社）

どんな状況でもチーム・オーサーのメンバーが羽生選手を励まし続けたから、現在の羽生選手があるのです。

イリノイ大学のエレン・アルターマット博士は、900人以上の小学生の英語、社会、数学、科学の科目の成績について調査しました。同時に、子どもたちの「できる」という信念の度合いについても調べました。

その結果、「できる」という信念の強い子どもほど各教科の成績が良かったのです。「できる」という信念を育て、自己肯定感を高めるには、褒めることが一つの方法です。では、何を褒めればいいのでしょう?

コロンビア大学の心理学教室で行われた実験で、C・M・ミューラー博士とC・S・ドゥエック博士は、10歳から12歳の小学生128名を対象に国語と算数の勉強をさせました。

その際、二つのグループに分け、グループAには「あなたは知能が優れている」と「才能」を褒め、グループBには「あなたは一生懸命やっていて素晴らしい」と「努力」に対して称賛しました。

すると、「家に帰ってからも勉強をする」と答えたのは、努力を褒めたグループBの子どもが圧倒的に多かったのです。才能ばかりを褒めると、モチベーションのレベルが低い子どもに育つ危険性があることは覚えておいてください。

## 子どもの努力を褒めると、「自分はできる」という強い自己肯定感が育つ

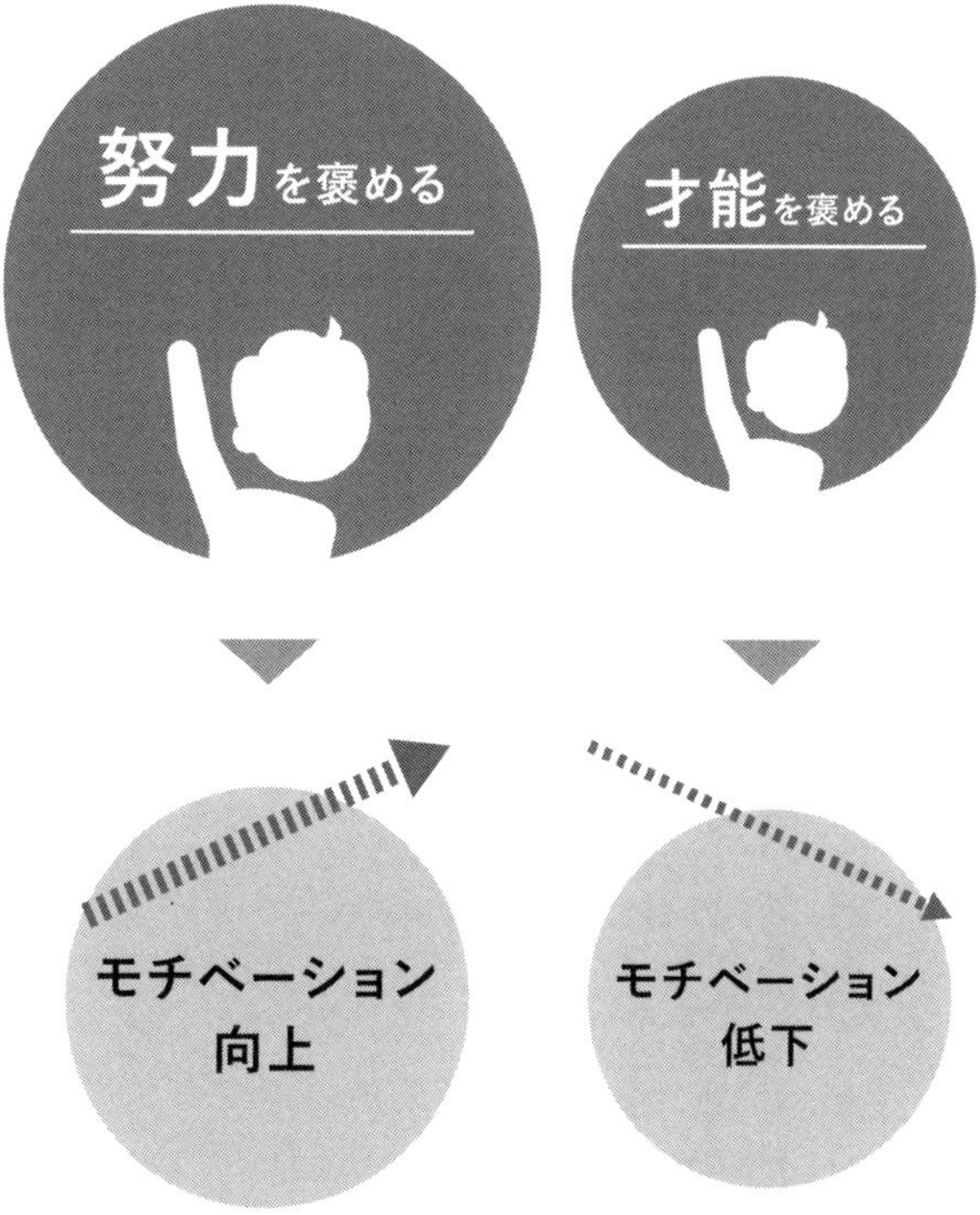


才能ばかり褒めていると
子どものモチベーションが下がる

## おわりに

この本を書く過程で、大谷選手と羽生選手の共通点が見えてきました。それは、自己肯定感が半端なく高いことに加え、「目の前の作業に対して、喜びを見出すことに長けている」ということです。

2017年、大谷選手はプロ5年目のシーズンを振り返って、次のように語っています。

**「一日一日、うまくなるためにやっていくというのは今年も何も変わらない。もちろん試合に出続けて結果を出しながら、というのが一番なのかもしれませんけど、個人的には練習でも試合でも気持ちは変わりませんでした。（中略）僕の場合はうまくなったと実感できるのは練習のときのほうが多いので、ファームでもそれなりに勉強することはたくさんありましたし、今年もうまくなったんじゃないかなと思ってます」**

（石田雄太『大谷翔平 野球翔年 Ⅰ』文藝春秋）

大谷選手のように、日々の練習や作業に進歩とやりがいを感じ取ることができれば、あなたのお子さんも着実に勉強や部活動でレベルアップしていけるのです。

羽生選手も同じような考え方をしています。２０１５年の全日本選手権を終えて一段落したとき、羽生選手は自分を進化させることについてこう語っています。

**「実を言うとホッとしているんです。やっと練習ができると思っています。試合のための練習しかしてこなかったから、やっと自分の力を引き上げるための練習ができる」**

（羽生結弦『夢を生きる』中央公論新社）

羽生選手も大谷選手と同じく、目の前の作業である練習がとにかく好きで、それ自体が楽しく、喜びなのです。

この二人の考え方のエッセンスを、ぜひあなたのお子さんに伝えてあげてください。

それだけで子どもは、自己肯定感を心の中で膨らませ、着実に進化していけるはずです。

2020年3月

児玉光雄

## ■参考文献


### 第1部　大谷翔平

- 大谷翔平『不可能を可能にする大谷翔平120の思考』ぴあ、2017年
- 佐々木亨『道ひらく、海わたる　大谷翔平の素顔』扶桑社、2018年
- 石田雄太『大谷翔平 野球翔年 I』文藝春秋、2018年
- 週刊SPA！編集部『大谷翔平 二刀流』扶桑社、2015年
- 『大谷翔平　北海道日本ハムファイターズ』ベースボール・マガジン社、2013年
- 『Number』963号、文藝春秋、2018年
- 石田雄太「大谷翔平 独白 先入観は可能を不可能にする」『文藝春秋』2013年10月号、文藝春秋
- 佐々木亨「大谷翔平の根っこは菊池雄星という『教科書』を用いて築かれた」web Sportiva、2019年5月13日 https://sportiva.shueisha.co.jp/clm/baseball/mlb/2019/05/13/___split_9/
- 「『自分に限界を感じたことはない』―― 大谷翔平を高みへ導く"成長思考"」タウンワークマガジン、2017年10月30日　https://townwork.net/magazine/job/workstyle/47894/

### 第2部　羽生結弦

- 羽生結弦『夢を生きる』中央公論新社、2018年
- 羽生結弦『蒼い炎』扶桑社、2012年
- 羽生結弦『蒼い炎II』扶桑社、2016年
- 野口美惠『羽生結弦 王者のメソッド』文春文庫、2017年
- 内藤誼人『努力が報われる人の心理学』PHP研究所、2012年
- 『日本経済新聞』2018年2月17日
- 『朝日新聞』2014年2月16日
- 『デイリースポーツ』2012年11月26日
- 『AERA増刊　羽生結弦』朝日新聞出版、2018年
- 『Number』846号、文藝春秋、2014年
- 『Number』870号、文藝春秋、2015年
- 松原孝臣「羽生結弦、連覇と止まらぬ涙の真実。『良くない右足に、感謝しかない』」Number Web、2018年2月17日　https://number.bunshun.jp/articles/-/829940
- 峯英一郎「五輪連覇の羽生結弦はへコみながらも挑戦を続ける」Biz Clip、2018年8月27日 https://www.bizclip.jp/articles/bcl00137-002.html
- 「羽生選手が語る『母への感謝の気持ち』」マイレピ、2017年11月1日（現在は一般公開終了）　https://www.myrepi.com/home/entertaining/yuzu-days-1711-tym
- 「羽生選手が語る進化の理由『更なる高みに向かって』」マイレピ、2017年3月6日（同上） https://www.myrepi.com/members/member-article/article/yuzu-days-1703
- 野口美惠「羽生、プルシェンコ、チャンが火花。ライバル意識と敬意が混じる緊張感。」Number Web、2014年2月6日　https://number.bunshun.jp/articles/-/783773

〈著者プロフィール〉
**児玉光雄**（こだま・みつお）
1947年、兵庫県生まれ。追手門学院大学スポーツ研究センター特別顧問。京都大学工学部卒業。学生時代、テニスプレーヤーとして活躍し、全日本選手権にも出場。カリフォルニア大学ロサンゼルス校(UCLA)大学院に学び、工学修士号を取得。米国オリンピック委員会スポーツ科学部門本部の客員研究員として、オリンピック選手のデータ分析に従事。過去30年近くにわたり臨床スポーツ心理学者として、プロスポーツ選手のメンタルカウンセラーを務める。日本では数少ないプロスポーツ選手・スポーツ指導者のコメント心理分析のエキスパートとして知られる。著書多数。日本スポーツ心理学会会員、日本体育学会会員。

児玉光雄web: http://www.m-kodama.com
Facebook: http://www.facebook.com/mitsuo.kodama.9

大谷翔平・羽生結弦の育て方
子どもの自己肯定感を高める41のヒント

2020年4月15日　第1刷発行

著　者　児玉光雄
発行人　見城 徹
編集人　福島広司
編集者　鈴木恵美

GENTOSHA

発行所　株式会社 幻冬舎
〒151-0051　東京都渋谷区千駄ヶ谷4-9-7
電話　03(5411)6211(編集)
03(5411)6222(営業)
振替　00120-8-767643
印刷・製本所　中央精版印刷株式会社

検印廃止


ISBN978-4-344-03597-3　C0095
幻冬舎ホームページアドレス　https://www.gentosha.co.jp/

この本に関するご意見・ご感想をメールでお寄せいただく場合は、
comment@gentosha.co.jpまで。